CONTENTS

Issue
No.28
GUMI

WRITER
이지앤북스 편집팀

찻잎을 따는 눈썰미로 글을 고르고, 천천히 그에 맞는 무게와 양감, 표정과 자세를 지어낸다. 다작하지 못하되, 당장의 이익이 크지는 않더라도 권컨이 좋은 책을, 내일 부끄럽지 않은 책을 만들어가고 있다.

Tripful = Trip + Full of
트립풀은 '여행'을 의미하는 트립TRIP이란 단어에 '~이 가득한'이란 뜻의 접미사 풀-FUL을 붙여 만든 합성어입니다. 낯선 여행지를 새롭게 알아가고 더 가까이 다가갈 수 있도록 도와주는 여행책입니다.

※ 책에 나오는 지명, 인명은 외래어 표기법 및 통용 표현을 따르되 경우에 따라 발음에 가깝게 표기했습니다.

※ 잘못 만들어진 책은 구입한 곳에서 교환해 드립니다.

PREVIEW: ABOUT GUMI

012 SPIRIT OF SUNBI
선비정신

18

SPECIAL PLACES

024 GEUMOSAN : 금오산

026 AROUND GEUMOSAN : 금오산 주변 산책

028 [SPECIAL] GEUMRIDAN GILL :
작은 가게들이 주는 평화로움, 금리단길

46

SPOTS TO GO TO

034 HEALING IN NATURE
자연속 힐링

042 HISTORY & CULTURE
학문의 길을 따라

046 SAEMAUL MOVEMENT
새마을운동의 시작

048 SILLA BUDDHISM
신라불교의 성지

48

EAT UP

052　VINTAGE HANOK CAFE
　　　한없이 고즈넉한 고택 카페

054　EXOTIC CAFE
　　　이색적인 공간, 카페

058　LOCAL RECOMMENDATION
　　　로컬이 추천하는 맛집

060　COCKTAIL & WINE BAR :
　　　구미의 아주 특별한 밤

LIFESTYLE & SHOPPING

064　LIFESTYLE SHOP
　　　이야기가 있는 가게

069　SHOPPING
　　　구미의 로컬 시장

PLACES TO STAY

070　HOTEL & PENSION
　　　구미 숙소

PLAN YOUR TRIP

072　TRAVELER'S NOTE & CHECK LIST
　　　여행 전 알아 두면 좋은 것들

076　SEASON CALENDAR
　　　언제 떠날까?

077　FESTIVAL
　　　이색적인 축제가 한가득

078　TRANSPORTATION
　　　구미 교통

MAP

079　지도

WHERE YOU'RE GOING

영남의 대표적인 명산이자 최고의 도립공원 금오산, 거대한 암벽이 마치 병풍이 펼쳐진 모양과 같아 병풍바위라고도 불리는 천생산 등 산맥에 둘러싸인 분지 형태를 띠고 있는 구미는 그 중심을 낙동강이 관통하고 주변으로 드넓은 평야가 펼쳐지는 아름다운 경관을 자랑하는 도시다. 크게 권역을 나누자면 금오산권, 천생산권, 선산권으로 나눌 수 있다. 권역별 특징을 이해하고 랜드마크의 위치를 먼저 파악한다면 훨씬 수월하게 여행의 계획을 세울 수 있을 것이다.

금오산권

금오산권은 구미의 도심이자 구미를 대표하는 관광지가 이곳에 모두 모여 있다고 해도 과언이 아닐 정도로 볼거리, 먹거리, 즐길거리가 집중되어 있는 곳이다. 구미역에서부터 도보로 금리단길을 지나 금오천까지는 쉽게 다다를 수 있고, 걷는 것에 자신 있다면 금오지, 금오산 탐방로 입구까지도 충분히 도전해 볼 만하다. 금리단길에서 구미의 핫플레이스를 한눈에 둘러볼 수 있고 천혜의 자연을 누릴 수 있는 금오산 숲세권 산책, 그리고 구미성리학역사관, 야은역사체험관 등 구미의 역사와 문화를 체험할 수 있으며 새마을운동의 면면을 상세히 설명하고 있는 새마을운동테마공원, 박정희대통령생가까지 다양하게 즐길 수 있다. 금오산권은 짧은 동선 안에서 구미의 맛과 멋, 자연과 역사를 두루두루 둘러볼 수 있는 최고의 여행지다.

B

선산권

선삽읍, 고아읍, 해평면, 도개면, 옥성면, 무을면이 선산권에 해당한다. 구미 도심을 제외한 중북부의 넓은 지역에 해당하는 선산권은 깊은 자연과 조용한 마을이 모여있으며 구미를 조금 더 깊이 들여다볼 수 있는 유적들이 많은 지역이다. 신라불교의 시작은 선산에서부터라고 할 수 있다. 고구려 승려 아도화상이 신라에 처음 불교를 전한 곳이 이 지역이며 도리사, 죽장사오층석탑 등 찬란한 불교문화 유적이 남아있다. 뿐만 아니라 야은 길재선생의 충절와 학문을 기리기 위해 설립된 금오서원, 조선 후기의 향교인 선산향교, 유유히 흐르는 낙동강 풍경이 아름다운 월암서원 등 예와 교육의 도시다운 면모를 확인할 수 있는 유적들이 많이 남아 있다. 가을 단풍이 아름다운 무을면 수다사도 놓칠 수 없다.

C

천생산권

산동면, 장천면, 양포동, 진미동, 인동동이 천생산권에 해당한다. 구미시산림문화관이 위치한 에코랜드, 천생산 산림욕장 등 숲과 생태, 환경에 대해 깊이 들여다볼 수 있는 시설들이 많다. 천생산권은 산과 나무, 숲과 조금 더 가까워지는 곳이다. 에코랜드의 생태탐방 모노레일은 잠시 도심을 잊고 동심으로 돌아가 힐링의 시간을 가져다준다. 낙동강변을 따라 라이딩을 즐길 수 있는 동락공원, 아이들의 체험공간 구미과학관, 동락서원, 인동향교 등도 천생산권에 위치하고 있다.

PREVIEW: ABOUT GUMI

구미하면 산업도시를 떠올리지만 이것은 단편적인 이미지에 불과하다.
구미의 매력을 좀 더 깊이 이해하기 위해서는 자연과 역사를
보다 깊고 넓은 시야에서 살펴볼 필요가 있다.

Spirit of SUNBI

01
정신문화와 첨단산업의 만남

02
예와 교육의 도시

03
일선리고택문화재마을

04
생육신, 사육신의 고장

채미정

PREVIEW

Spirit of SUNBI

선비정신

구미는 1969년에 한국 최대의 내륙 산업단지로 건설되어, 반도체, 휴대폰, 디스플레이 산업을 비롯하여 미래 먹거리인 탄소소재, 광학 의료기기, 이차전지 등을 생산하여 세계시장에 수출하는 글로벌 경쟁력을 가진 첨단 산업도시이다. 하지만, 구미의 긴 역사에서 보면 산업단지는 겨우 60여 년, 전체 면적에서 차지하는 공장 용지는 3%에 불과하다. 이는 산업도시가 현 구미시의 강점인 것은 맞지만, 실은 그 이외에 잘 알려지지 않은 다른 매력이 많다는 것을 의미한다. 그 대표적인 것이 바로 구미가 인류 '정신문화'의 용광로, 특히 유교 성리학의 핵심인 '선비정신'의 보고라는 사실이다.

야은 길재 유허비 쌍오당

01.
정신문화와 첨단산업의 만남

구미는 낙동강 중류에 위치하며, 예로부터 부산과 한양을 잇는 영남대로의 길목에 있었다. 지형을 살펴보면 한국 100대 명산의 하나인 금오산과 천생산, 태조산 등이 병풍처럼 둘러싸인 분지 모양의 평야가 펼쳐지고, 그 중심부를 낙동강이 흐른다. 구미는 예로부터 낙동강 수로와 육로를 이용한 교통·물류의 요충지에 위치하고, 물과 토지가 풍부해 농업·공업·상업 모두에 유리한 천혜의 자연환경 조건을 갖추고 있는 곳이다. 이 자연의 은혜 속에, 고인돌 유적이 알려주듯이 청동기 시대부터 인간이 거주하여 풍요한 농업사회를 발전시켜 왔다.

이 수천 년에 걸친 구미의 역사를 '정신문화'의 발전이라는 잣대로 살펴보면 실로 흥미로운 전개가 펼쳐진다. 먼저 세계의 여느 지역과 마찬가지로 구미에 전승되는 전설, 혹은 설화가 말해주듯이 토착적인 자연 신앙이 존재한다. 그리고 그 후 다양한 동서양의 정신문화가 구미에 수입된다. 불교의 자비(慈悲), 유교의 인(仁), 그리스 철학(哲學), 기독교의 사랑(愛) 등과 같은 것이다. 구미에는 이 동서양의 정신문화가 삼국시대의 불교, 조선시대의 유교 성리학, 근대의 서양학문과 기독교라는 형태로 유입된다. 그 결과 구미는 인류의 정신문화가 다층적으로 병존하는 '다종교 다문화 융합사회'를 형성한다

이것은 세계적으로 볼 때 어떤 가치를 지닐까? 어떤 외국인이 우리의 장례식에 참석하여 유교적 의례 속에 가족들이 절을 하고 어떤 이는 기도만 하는 등, 한 집안 형제들 사이에 유교 불교 기독교가 섞여 융합적으로 추모가 이루어지는 모습을 보고 크게 놀랐다는 일화가 있다. 우리는 이를 당연하게 여긴다. 하지만 세계적으로 보면 여전히 특정 종교적인 사상통제와 분쟁 등이 끊이지 않고 있는 것이 현실이다. 우리가 가진 동서양 정신문화의 융합적 가치를 재인식해야 하는 이유이다.

그런데 이는 "한국 어떤 지역도 마찬가지 아닌가. 한국에서도 구미만의 차별성은 무엇인가"하는 의문이 생긴다. 그 차별성을 상징하는 하나가 '구미성리학역사관'이다. 유교 성리학은 사람이 바르게 살기 위해 사욕을 이겨내고 예(禮)를 회복해 나가자는 조선시대의 철학 사상이자 현재에도 우리 정신문화의 핵심인데, 이 성리학 성립의 근원에 구미가 있기 때문이다. 구미는 길재·김숙자·김종직·김굉필로 이어지는 수많은 성리학자를 배출하여, "조선 인재의 반은 영남에 있고, 영남 인재의 반은 일선(구미)에 있다(이중환, 택리지)"는 명성을 얻었다. 나아가 기후·환경 위기의 오늘날, "인간은 「우주의 나그네」로, 그 지켜야 할 도리가 있다"고 설파한 인간과 자연, 우주를 아우른 철학자 여헌 장현광 선생도 새삼 돋보인다.

02.
예와 교육의 도시

#선비와 선비정신

"이상적인 인간상이란 어떤 모습일까?" 동서양을 막론하고 어느 시대에나 이상적인 인간상을 추구하는 전통이 있다. 유럽의 기사도, 일본의 무사도가 있다면, 우리는 흔히 조선시대의 선비정신을 꼽는다. 선비는 유교적 관점에서 지덕(知德)을 겸비한 어진 사람을 말한다. 요즘 말로 하면 인성(도덕)과 전문성(학식)을 함께 갖춘 사람 정도로 이해해도 좋을 것이다. 이 선비라는 인간상을 구체적으로 엿볼 수 있는 것이 선비정신으로, 그 덕목의 일부를 개인과 사회, 그리고 자연관을 중심으로 살펴보면 다음과 같다.

첫째, 개인 차원의 '인격 수양'이다. 대표적인 덕목으로 수기안인(修己安人, 자신을 먼저 수양하고 다른 사람들을 편하게 한다). 도예일치(道藝一致, 공부뿐 아니라 다양한 예술 활동을 중시한다). 지행합일(知行合一, 앎을 행한다) 등이 있다. 여기에서 특히 공부의 목적을 단순한 지식 습득을 통한 개인적 욕구와 안락의 추구가 아니라, 궁극적으로 인격 수양과 사회 발전에 기여하는 이타적인 삶을 강조하고 있는 점이 주목된다. 둘째, 자기가 공부한 뜻을 펼치는 '사회적 실천'이다. 이를 위해 선공후사(先公後私, 공적인 일을 앞세우고 사적인 일을 뒤로한다). 억강부약(抑强扶弱, 강한 자를 억제하고 약한 자를 돕는다). 청렴검약(淸廉儉約, 탐욕을 억제하고 물건·자원을 낭비하지 않는다). 셋째, 인간과 사회를 뒷받침하고 있는 '자연에 대한 관념'이다. 대표적인 천인합일(天人合一, 하늘과 사람은 하나이다)은 인간은 자연의 일부로서 공생해야 한다는 생태주의적 정신으로 해석할 수 있다.

우리는 선비라고 하면 고리타분하고 형식주의적이라는 부정적인 이미지가 있다. 하지만 근대 자본주의의 폐해인 개인의 무한한 탐욕과 이기주의를 넘어 공동의 생활기반인 사회와 자연에 대한 책임 있는 삶의 방식을 강조하는 선비정신은 단지 고리타분한 이야기가 아니라, 오히려 현대인이 회복해야 할 꼭 필요한 인간 덕목이라 할 수 있다.

안동 예안이씨 충효당

#예

예(禮)란 사람이 마땅히 지켜야 할 도리. 다시 말해 좋은 사회질서를 만들고 유지하기 위해 인간의 도덕성을 바탕으로 한 유교적 윤리 규범이다. 공자는 예는 유교 덕목인 인(仁)의 실천방법이라 했다. 인간관계란 서로가 좋은 양호한 관계뿐만 아니라, 서로 갈등하고 반목하는 관계도 있을 수 있다. 예는 갈등이 일어나기 전에 서로가 사전적이고 자율적으로 규범하는 것이고, 법은 갈등이 일어난 후의 사후적이고 타율적인 규범이라고도 할 수 있다. 예를 중시하는 것은 사람들의 관계에 있어 사전에 배려하고 룰을 지켜, 그만큼 싸우고 처벌하는 상처와 악순환을 줄일 수 있기 때문이다.

예로부터 "선비 놀던 데 용난다"라는 말처럼, 구미에는 선비들에 의해 생산되고 확산된 선비정신과 옳은 행실의 문화가 선한 영향력으로 널리 퍼져 지역 문화를 형성하고 있다. 그 결과 구미는 성리학의 중심지로, 예가 사회 속에 녹아든 '예절의 본향'이라고 말해져 왔다. 예의 문화가 개인의 의식주와 같은 일상생활 규범, 관혼상제, 타인 및 공동체의 교류 관계 등에 광범위하게 뿌리내리고 있다.

#교육

구미의 또 다른 특징은 후세대의 양성. 즉 교육혁신 지역이다. 그 배경은 무엇일까? 우선 이 교육혁신의 효시가 된 인물로 야은 길재를 꼽을 수 있다. 고려삼은(高麗三隱) 중 한 명으로 성리학의 대가인 그는 공직생활 후 고향에 내려와 서원을 열고 후학을 양성한다. 이는 현대식으로 해석하면 당시 조선의 통치이념이 된 최첨단 전공분야인 성리학을 전공하고 중앙에서 톱클래스로 활약한 최고의 전문가가 지역사회에 내려와 학생을 지도한다는 의미이다. 이것이 지역사회뿐 아니라 전국적으로도 관심을 불러일으켜, 교육혁신을 촉발한 중요한 계기가 됐다.

다음으로 이러한 좋은 전통을 제자들이 발전시켰다는 점이다. 지역의 선비들이 크게 볼 때, 학업을 마친 후 공직에 나가 경험을 쌓고 퇴직 후에는 교육기관(서원)을 열어 학문 연구와 제자 양성에 힘쓰는 메커니즘이 지역사회에 정착된 것이다.

마지막으로 이러한 지방 교육 혁신의 결과, 인동향교. 금오서원, 동락서원, 월암서원 등 많은 교육기관이 지역에 집적되고, 그것이 구미가 인재의 보고가 되는 확대 선순환을 낳았다고 할 수 있다.

이러한 '예와 교육의 도시' 구미의 전통은 현대에도 인간의 전인적 발달이나 글로벌 교육혁신에 활용할 수 있는 소중한 자산이라 할 수 있다.

#고택과 선비정신

고택이란 오래된 집, 시간이 쌓여 있는 집이다. 구미에는 선비들이 살았던 고택이 많다. 류씨 종갓집(일선리고택문화재마을), 조선시대 명필 황기로가 건립한 매학정, 야은 길재의 학문과 충정을 기념하기 위해 지어진 채미정, 제자들이 힘을 모아 장현광을 위해 지은 모원당, 조선시대에 지어진 양반가옥 쌍암고택과 북애고택 등 수없이 많은 고택이 보존 관리되고 있다.

흔히 집을 보면 사람을 안다. 사람은 자기 정신·가치관이 들어간 집을 만들고, 그 집이 또 그 사람의 생활을 크게 방향 짓기 때문이다. 구미의 고택에서 선비정신이 느껴진다. 먼저 자연친화적이다. 선비가 지향했던 천인합일, 인간과 자연의 공생을 지향했던 정신. 주위 자연과의 조화. 바람과 물의 길, 지형을 중시한 풍수지리 사상. 지역에서 생산한 흙냄새 나무냄새가 물씬 나는 천연소재 등이 그것이다. 다음으로 검약함이다. 필요한 것만 있고 불필요한 것이 없는 심플하고 소박함. 거기에서 청렴한 생활과 그것을 뒷받침하는 물건과 자원을 낭비하지 않고 오래 쓰는 선비정신이 엿보인다. 마지막으로 공동체에 열린 집이다. 고택은 안채 별채 사랑채 등의 구조 속에는 유교적인 경직된 질서가 있지만, 동시에 마치 게스트하우스처럼 공간의 일부를 외부 공동체에 개방하고 있는 공동체 정신을 느낄 수 있다.

우리나라의 자연환경과 풍토에 적합한 "좋은 집이란 어떤 집일까?" 고택을 둘러보고 체험하는 프로그램에 참여하여 집의 근본 기능을 새삼 깨달을 수 있을 것이다.

PROFILE

최재성
쌍암고택 대표

창 하나 가득히 해평면의 들판이 들어온다. 이곳 사랑채에 앉아 있으니 시간과 공간을 훌쩍 떠나와 세상만사가 다 잊힐듯하다. 쌍암고택은 1979년 문화재청으로부터 중요민속자료로 지정되었다.

사는 집이 문화재라면 그 집을 살아가는 기분은 어떨까! 고향으로 돌아와 웃대 어른들의 뜻을 받들며 살아가는 후손의 이야기를 들어 본다.

쌍암고택
Ⓐ 경북 구미시 해평면 해평2길 40
ⓘ @ssang._.am
Ⓜ Map → 4-★20

쌍암고택에 대한 소개를 부탁드립니다.
이 집은 진사 최광익(농수재공)이 살림집으로 지은 집입니다. 조선 영조 때 지은 집으로 270년 가까이 되었습니다.

270년 고택을 지킨다는 것이 쉽지 않아 보입니다. 불편한 점이 한두 가지가 아닐 것 같습니다만 가장 힘든 점은 무엇인가요?
이 집은 지금도 후손들이 거주하는 가옥입니다. 문화재로 지정되기 전에는 몇몇 부분은 고쳐가며 살았는데 지금은 모든 것이 규제 대상이라 손을 델 수도 없어 생활하는데 여러가지로 불편합니다. 그리고 기단이 높아 노인들이 오르내리는데 위험하고, 특히 아버지가 지팡이를 짚고 다니시는데 넘어질까 항상 걱정입니다.

그럼에도 불구하고 고택을 지키는 이유는 무엇인가요?
생활의 불편함이 후대에 걸쳐 살아온 가치를 넘어설 수는 없습니다. 웃대 어른들의 손길이 스며든 집이라서 후손으로 자긍심과 의무감이 있습니다. 집안 곳곳에 깃든 조상들의 흔적과 이야기를 후손이 아니면 이 집과 함께 가지고 갈 수 없다고 생각합니다.

이곳은 '갑오동학농민집결지'로 알려져 있습니다. 양반가의 입장에서 이 표지석을 세우기 쉽지 않았을 것 같습니다. 경위를 들려주세요.
제가 듣기로는 저희 할아버지께서 어느 해 일본에서 오신 분이 저희 집에 들러 우리 집이 일본군 병참기지로 사용되었을 때, 그분의 선대가 이 집에서 근무했다고 하였습니다. 그래서 우리 집이 일본군의 병참으로 사용한 사실을 알게 되었지요. 그때 저의 고조부께서는 합천으로 피난을 가셨다가 돌아와 일가가 사는 장천 상림에서 한 20여 년을 사셨습니다. 그래서 저희는 동학과 관련된 일을 잘 알지 못합니다. 당시에는 유가(儒家)이며 지주라서 난을 피하여 다른 곳으로 갔지만, 지금은 세월이 변하였고 동학농민운동도 재조명되었으므로 기념하는 것도 가치 있는 일이라고 생각합니다.

고택은 어떠한 가치를 품고 있다고 생각하시는지요.
고택의 가치는 여러 가지가 있습니다. 먼저 과거의 생활상을 볼 수 있습니다. 그런 점에서 근대화 과정에서 훼손된 것을 복원하는 것이 중요하다고 생각합니다. 그리고 이 집에서 저까지 8대가 생활하였습니다. 한 분 한 분의 이야기가 이 집과 같이 전해 내려왔습니다. 최근에 어느 가문에서 문집을 정리하여 책으로 출판했는데 우리 집에 대한 이야기도 들어있어서 놀라웠는데 그런 점도 이 집의 가치라면 가치라고 할 수 있을 것 같습니다.

구미는 예로부터 한양으로 가는 길목이라고 합니다. 이곳 쌍암고택도 지나가던 나그네가 머물던 공간이라고 들었습니다. 시간을 초월하여 같은 목적으로 활용되고 있다는 것이 큰 의미가 있는 것 같습니다. 이러한 체험 공간으로 활용하게 된 계기가 궁금합니다.
제가 어릴 때 우리 집은 항상 손님이 많았습니다. 일 년에 여러 차례 사랑방에 손님이 오시는데 그때마다 잔칫집 같은 분위기였습니다. 손님이 오시면 하루 이틀만에 가시는 것이 아니고 근동에 사시는 친구분을 다 만나고 가시니 항상 대접에 소홀할 수 없지요. 예전에 우리집은 서울 가는 길손에게 국수를 대접하셨다고 합니다. 서양에서 제분술이 들어오기 전에는 국수는 고급 음식이었다고 합니다. 우리 집에서는 닭고기로 육수를 내고 삶은 국수를 찬물에 헹궈 닭고기 육수에 말아서 내놓았는데 입소문을

생활의 불편함이 후대에 걸쳐 살아온 가치를 넘어설 수는 없습니다. 웃대 어른들의 손길이 스며든 집이라서 후손으로 자긍심과 의무감이 있습니다.

좀 탔습니다. 그리고 70년대는 노인들이 도시 아들네한테 갔다가 고향을 찾을 때면 꼭 우리 집에 와서 보름씩 묵곤 했습니다. 세월이 지나 요즘은 남의 집을 찾는 것이 실례되는 세상이 되다 보니 사랑채에 손님이 끊긴 지 한참 되었습니다. 특히 코로나로 인적도 끊기고 해서 사랑채에 사람이 드나들게 할 생각으로 손님 체험을 우리 딸의 아이디어로 시작하게 되었습니다.

수많은 유학자들 배출한 선비의 고장 다운 면모를 쌍암고택이 간직하고 있네요. 욕심 없이 내어주는 것 또한 선비정신이 아닐까요.
예로부터 종가는 봉제사접빈객(奉祭祀接賓客 : 제사를 모시고 손님을 맞이하여 정성으로 대접하는 것)이라고 했습니다. 이것을 의무로만 여긴다면 누가 종문을 맡겠습니까. 제사를 지내면 문중의 단합을 이룰 수 있고, 손님을 잘 맞이하면 지역사회에서 평판이 좋아집니다. 그래서 손님이 편하게 쉴 수 있는 공간으로 사랑채를 그렇게 꾸미셨던 것 같습니다.

쌍암고택의 구조는 어떻게 이루어져 있나요?
우리 집은 서쪽에서 동쪽으로 배치되어 있습니다. 화나무(회화나무)가 동향의 사당 옆에 있으며 그 앞에 'ㄷ'자의 안채가 동향으로 있습니다. 42년 전에는 7칸이었던 중문채는 현재 5칸으로 사랑채와 안채 사이에 남북방향으로 놓여 있으며 그다음 사랑채가 남향으로 있습니다. 마지막으로 바깥대문채가 사랑채 동쪽에 남북으로 5칸이 있습니다.

사랑채에서 바라보는 마을 풍경이 참 아름답습니다. 어떤 풍경을 가장 좋아하시나요?
저는 개인적으로 사랑마루에 앉아 베틀산 쪽(동쪽)을 보는 것을 좋아합니다.

사람들은 쌍암고택을 어떻게 즐기면 좋을까요?
'내가 이 집의 주인이다'라고 생각하고 손님도 초대하시고 풍경과 고택을 분위기를 즐기셨으면 좋겠습니다.

건너편의 북애고택에 대한 소개도 부탁드립니다.
농수재공의 맏아들의 살림집으로 지은 집입니다. 원래 둘째 아들 집으로 북애고택을 지었는데 예전에 큰 집 뒤로 작은 집이 가지 않는다고 해서 맏이 되시는 분이 북애고택으로 가시고 동생분은 쌍암고택에 남으셨습니다. 북애고택은 저희 집보다 한 삼십 년 뒤에 지어졌습니다.

직장을 그만두고 고향으로 내려오신 이유는 무엇인가요?
언젠가 꼭 돌아올 것이라는 생각은 항상 했습니다. 부모님 두 분이 연로하셔서 결심하게 되었습니다.

종갓집을 지키는 어머님의 노고도 클 것 같습니다. 어머니는 어떤 분이신가요?
시동생 7명에 시누이 2명이 있는 집에 시집와서 시조모와 시부모를 모시고 사대 제사를 모시고 이 집에서 지금까지 사셨던 분입니다.

자녀분들이 함께 운영하셔서 든든하시겠습니다.
요즘은 딸아이에게서 많은 것을 배웁니다. 저는 요즘의 트렌드를 읽기가 쉽지 않습니다.

앞으로 쌍암고택과 북애고택이 후손에게 어떻게 기억되기를 바라시나요.
집을 유지하는데 치열했던 조상이 있어 지금의 우리가 있는 것이겠지요. 옛 어른들의 뜻을 소중하게 간직해 주었으면 합니다.

03.
일선리고택문화재마을

구미에 유서 깊은 고택들이 모여 있는 곳이 '일선리고택문화재마을'이다. 일선리(一善里)는 신라 시대 선산군의 지명이다. 그런데 이곳은 전통적인 한옥마을이 아니다. 경상북도 안동시 임동면 수곡리에 살던 전주 류씨(全州柳氏)들이 임하댐 건설로 마을이 수몰되면서 집단으로 살던 집과 누정을 일선리에 옮겨 지은 현대식 집성촌이다.

마을 어귀 중앙에 4m가량 높이로 우뚝 솟은 '수류우향(水柳寓鄕)' 비석에 새겨진 글이 마을이 생겨난 배경을 알려준다. 비문에는 "우리 전주 류씨는 여초(麗初) 대승공(大丞公) 휘(諱) 차달(車達)의 후(後)로서(중략) 안동 수곡에 400여년 세거해 오다가 임하댐 건설로 수몰이 되어 70여 호가 이곳으로 내주(來住)하였다."고 기록되어 있다.

이주하면서 문화재도 함께 옮겨온 것이다. 용와종택 및 침간정(慵窩宗宅枕澗亭)은 조선시대 학자인 유승현(1680~1746)이 살던 집과 학문을 가르치던 정자로 구성되어 있다. 삼가정(三檟亭)은 유봉시(1654~1709)가 두 아들에게 학문을 가르쳐 학덕을 쌓아 높은 관직에 오르자 정자를 짓고 세 그루의 가죽나무를 심은 데서 유래한 이름이다. 임하댁(臨河宅)은 유승현의 후손이 지은 집이다. 그 외에도 경상북도 문화재인 수남위종택(水南位宗宅), 대야정(大埜亭), 근암고택(近庵古宅), 호고와종택(好古窩宗宅), 만령초당(萬嶺草堂), 동암정(東巖亭) 등이 있다.

일선리고택문화재마을 은 이주 마을의 특성상, 수백 년 된 문화재 유산에 현대식으로 조성된 인프라가 조화를 이루는 가운데 실제 주민들이 생활을 영위하고 있는 곳이다. 고택의 정취를 만끽하면서 전통과 현대의 어울림을 느껴보는 산책에 어울리는 마을이다.

04.
생육신, 사육신의 고장

'절의(節義)'라는 말이 있다. 자기의 신념 신의 의리를 지킨다는 뜻이다. 구미에는 이 선비의 의리 정신인 절의를 실천한 모범이 있다.

우리에게 조선시대 단종은 '비극의 소년왕'으로 잘 알려져 있다. 단종은 12세 어린 나이에 왕에 즉위한다. 하지만 숙부 수양대군(세조)는 단종을 폐위하여 노산군으로 격하시키고 영월로 귀양 보내 죽음을 맞이하게 하고, 자기가 왕으로 즉위한다. 조선 왕조 역사상 최대의 비극이자, 당시 유교 윤리에서 납득하기 어려운 일대 사건이었다.

당시 신하들 중에 사육신과 생육신은 권력을 잡은 세조를 지지하지 않고, 단종을 지지하여 복위를 도모했다. 그 결과 사육신은 계획이 발각 당해 처형당하고, 생육신으로 목숨은 부지하여 살아 났지만 "두 임금은 섬기지 않겠다"라며 여생을 집밖에 나오지 않고 두문불출하거나 혹은 방랑 생활을 했다.

구미에는 이 훌륭한 충의의 선비로 기억되는 사육신과 생육신이 모두 있다. 사육신 하위지(1412~1456)는 부제학 예조 판서를 역임하고 ≪역대병요≫ ≪화원악보≫를 저술했으며, 선산읍에 유허비각이 있다. 생육신 이맹전(1392~1480)은 거창 현감을 지낸 후, 세조가 즉위하자 눈멀고 귀먹었다는 핑계를 대고 고향인 선산에서 두문불출하였으며, 선산 월암서원에서 향사하고 있다.

인생을 살면서 자기 신념에 따라 어떤 선택과 결정을 해야 할까? 생육신과 사육신이 "절의란 무엇인가" 그 의미를 새삼 되돌아보게 한다.

SPECIAL PLACES

여행에서 가장 기억에 남는 것은 상상했던 것과 다른 의외의 풍경을 만났을 때가 아닐까.
구미에서 반드시 보아야 할, 가장 특별한 풍경을 담아 보았다.

01

GEUMOSAN : 금오산

02

AROUND GEUMOSAN : 금오산 주변 산책

[THEME]

GEUMRIDAN GILL
작은 가게들이 주는 평화로움, 금리단길

SPECIAL PLACE

GEUMOSAN

높이 976m의 금오산은 영남을 대표하는 명산으로 1970년에 대한민국 최초의 도립공원으로 지정되었다. 금오산은 구미시, 칠곡군, 김천시에 걸쳐 위치하고 있지만 특히 구미에 볼거리가 집중되어 있고 산을 오르지 않고 주변 관광지를 둘러보는 것만으로도 자연 속 힐링을 마음껏 누릴 수 있다. 우리나라 자연보호운동의 발상지로 알려져 있으며 산책하기 좋은 메타세콰이어 소나무 숲길과 도립금오산야영장이 있어 가족과 함께 머무르기 좋고 야은역사체험관, 채미정, 성리학박물관, 금오산성 등 다양한 역사문화유적이 모여 있다. 화강편마암과 화강암이 주를 이루고 있고 산세가 높아 오르기 힘들다. 대혜폭포까지는 그리 힘들지 않아 걸어서 오르는 사람도 많지만 금오산케이블카를 이용하면 해운사와 대혜폭포까지는 쉽게 도달할 수 있다. 케이블카 구간 아래에 금오산성, 돌탑 등의 볼거리가 있으므로 내려올 때는 걷는 것도 나쁘지 않다. 대혜폭포에서부터는 정상인 약사봉까지는 잠시 고민하게 되는 난코스가 기다리고 있다. 금오산 정상의 기암절벽에 위치한 약사암의 비경은 감탄을 자아내지만 반드시 안전한 장비를 갖추고 오르도록 하자.

금오산케이블카

금오산 탐방로 입구를 지나면 머지않아 금오산케이블카 매표소에 다다른다. 1974년에 개통된 금오산케이블카는 약 6분 코스로 805m의 길이를 오전 9시부터 오후 5시 30분까지 15분 간격으로 운행한다. 탐방로 입구에서 현월봉 정상까지 3.3km의 거리인데 케이블카를 이용하면 약 2.2km 정도만 걸으면 된다. 케이블카를 타지 않고 산책로를 이용해 걸어서 오르는 사람도 적지 않다. 케이블카에서는 금오산의 시원한 풍경을 한눈에 즐길 수 있어 좋고 산책로를 이용하면 걸어야만 볼 수 있는 풍경들을 놓치지 않아 좋다. 케이블카 구간을 걸어서 오르면 30분 정도 소요된다.

대혜폭포

도선굴을 지나면 곧 금오산의 절정, 대혜폭포에 다다른다. 시원하게 떨어지는 청명한 물줄기 소리에, 지친 몸도 리셋되는 기분이다. 해발 400m에 위치한 27m 높이의 폭포로 떨어지는 물소리가 금오산을 울린다 하여 명금폭포라는 별명을 가지고 있다. 이 고장의 유일한 물줄기로, 은혜의 끝이라는 의미로 대혜라고 불린다. 대혜폭포 일대에 아름다운 연못이 있는데 선녀가 내려와 목욕을 하였다 하여 욕담이라고 하였다.

금오산 도립공원
Ⓐ 경상북도 구미시 남통동 288-2
Ⓣ 054-480-4601 Ⓜ Map → 2-★4

금오산케이블카
Ⓐ 경북 구미시 금오산로 419
Ⓣ 054-451-6177
Ⓟ 대인 편도 6,000원(소인 4,000원)
Ⓜ Map → 2-★2

Ⓐ 경북 구미시 남통동 Ⓜ Map → 2-★22

> **Plus 금오산호텔**
>
> 금오산 입구에 위치한 호텔. 위치도 좋고 시설도 깔끔해 구미 여행에 추천할 만한 호텔이다. 주변이 숲으로 둘러싸여 있어 좋은 공기를 마시며 산책하기에도 좋다.
>
> Ⓐ 경북 구미시 금오산로 400
> Ⓣ 054-450-4000 Ⓜ Map → 2-H1

도선굴

해운사를 지나 잘 다듬어진 산책로를 오르면 도선굴로 오르는 가파른 계단을 만나게 된다. 꽤나 급격한 경사로 이루어져 있으니 안전장치를 잡고 각별히 조심해서 올라야 한다. 도선굴은 암벽에 뚫린 큰 구멍으로 천연 동굴이다. 풍수지리설을 처음 도입한 신라 시대의 승려 도선과 길재 선생이 도를 닦은 곳으로 알려져 있다. 도선굴은 촬영 스폿으로도 유명하다.

Ⓐ 경북 구미시 금오산로 434-1

금오산 마애여래입상

마애여래입상은 고려 시대의 것으로 추정되며 전체 높이가 무려 5.5m에 이르고 꽉 다문 작은 입술, 가는 눈매가 특징이며 암벽의 모서리에 조각되어 있어 더욱 입체적이다. 신라시대에 비해 조금 더 형식이 진전된 것으로 보이지만 손이나 옷주름에서는 다소 위축된 조각 예술을 보여준다. 주초가 남아 있고 이 주변에서 기와조각이 발견된 것으로 미루어, 이곳에 절이 있었음을 알려준다. 1968년에 보물로 지정되었다.

Ⓐ 경북 구미시 남통동 산33

해운사

금오산케이블카를 타고 금오산을 오른 후 가장 먼저 만나게 되는 것은 해운사이다. 하늘로 치솟은 나무 숲길 풍경은 그 아름다움에 정신이 혼미할 지경이다. 웅장한 사천왕문을 통하면 고즈넉한 절 경내가 나타난다. 해운사는 신라 말기에 도선국사가 창건한 것으로 알려져 있다. 고려 말기에 이르러 길재 선생이 이곳에 머무르며 도선굴에서 도를 닦았다고 전해진다. 1592년 임진왜란으로 폐사되었다가 1925년에 복원되었다.

Ⓐ 경북 구미시 금오산로 434-2　Ⓣ 054-452-4917

약사암

금오산 정상 바로 아래 기암절벽에 위치한 절이다. 약사암을 빼고 금오산을 말할 수 없을 정도로 풍광이 수려해 사람들이 금오산을 찾는 이유이기도 하다. 약사암은 신라시대에 지어졌으며 직지사에서 갈라져 나온 절(말사)이다. 금오산 정상으로 가기 위해서는 약사암 법당을 지나야 한다. 바위가 법당을 감싸 안고 있는 모양새가 신비롭다. 출렁다리 너머 범종각이 담기는 풍경은 천하절경이다. 출렁다리는 일반인은 출입 금지이며 범종각으로는 접근할 수 없다. 약사암에서 정상 현월봉까지는 약 50m. 정상에 오르면 광활하게 펼쳐진 평야와 굽이치는 산세의 절경을 감상할 수 있다.

Ⓐ 경북 구미시 남통동 산33-1　Ⓣ 054-452-8039
Ⓜ Map → 2-★1

본격적인 금오산 산행 코스

대혜폭포 ⇨ 할딱고개 ⇨ 오형돌탑 ⇨ 마애여래입상 ⇨ 약사암 ⇨ 현월봉

대혜폭포를 지나면 험난한 등산 여정이 시작된다. 여기서 부터는 제대로 된 등산장비를 구비한 사람만 오르기를 당부한다. 대혜폭포에서 정상인 현월봉까지는 2.5km, 약 2시간 소요된다. 대혜폭포 옆, 금오산 등반코스 중 가장 숨이 차다는 500개가 넘는 계단을 오르면 할딱고개 표시판이 나온다. 여기에서 잠시 쉰 후 40분가량 더 오르면 갈림길이 나타나는데 이 갈림길에서 오른쪽이 정상 현월봉으로 직행하고 왼쪽은 오형돌탑과 마애여래입상을 거쳐 정상으로 오르는 길이다.

AROUND GEUMOSAN

금오산 주변 산책

금오산 주변에는 다이내믹한 볼거리와 유서 깊은 역사유적지가 모여 있다. 정상 등반이 목적이 아닌 여행객이라면 금오산 주변을 산책하는 것만으로도 금오산의 자연자원을 충분히 만끽할 수 있다.

금오산 메타세쿼이어 길, 소나무 숲 산책로, 맥문동 꽃 길

금오산제2주차장 앞 도로에서 호텔 금오산까지 메타세쿼이어 길이 이어진다. 하늘높이 쏟아 오른 나무들이 끝도 없이 이어지는 풍경은 구미 여행의 기억 속에 가장 아름다운 풍경으로 자리하고 있다. 한편, 주차장에서 2차선 도로를 건너면 이곳에도 숲길이 이어지는데 이 산책로는 여름이 되면 맥문동 꽃이 피어 보라빛으로 물든다. 푸른 소나무와 보라빛 향연이 펼쳐지는 계절이 기다려진다.

금오랜드

놀이공원의 아련한 추억을 떠올리게 하는 금오랜드는, 규모가 크지 않지만 바이킹, 회전그네, 공중자전거와 미니청룡열차, 미니바이킹, 범퍼카 등 아이들이 놀기 딱 좋은 놀이시설을 갖추고 있다. 썰매장과 빙상장도 함께 운영되고 있어 놀이시설과 함께 패키지를 이용하면 저렴하다. 끊임없이 쏟아지는 비명과 알록달록한 놀이기구, 아이들의 웃음소리, 솜사탕이 돌아가는 풍경. 마치 오래전 기억 속의 한 장면이 지금 눈앞에 펼쳐지는 듯한 묘한 기분이 드는 곳이다.

Ⓐ 경북 구미시 남통동

Ⓐ 경북 구미시 금오산로 341 Ⓣ 0507-1381-8501
Ⓗ 10:00-18:00(토, 일요일은 19:00까지) Ⓜ Map → 4-R5

야은역사체험관

채미정과 함께 반드시 찾아보아야 할 야은역사체험관은 야은 길재선생의 업적을 한 눈에 볼 수 있도록 조성된 곳이다. 메타세쿼이어 길 안쪽에 위치하고 있으며 체험관 밖으로 나서면 드넓은 금오산공원 잔디광장의 초록세상이 펼쳐진다. 길재 선생의 정신 '충효청교'가 금오산의 푸른 정기와 닮았다. p.042

금오지(금오산저수지)

금리단길을 구경하면서 걷다 보면 어느새 금오천에 다다른다. 금오천은 봄이면 벚꽃이 핑크빛 터널을 이루고 사계절 다양한 꽃과 식물을 감상할 수 있는 곳이다. 특히 벚꽃시즌에는 금오천벚꽃축제와 함께 다양한 행사가 펼쳐져 연중 가장 사람이 많이 모인다. 금오천을 거슬러 올라 금오산을 향하는 도중에 탁트인 금오지(금오산저수지)와 만나게 된다. 홀로 서 있는 금오정의 풍경과 유유히 떠있는 오리배의 한적한 항해가 로맨틱한 풍경을 자아낸다. 구미를 대표하는 데이트 코스로 손색이 없다.

Ⓐ 경북 구미시 금오산로 336-44 Ⓜ Map → 2-★9

채미정

채미정은 야은 길재선생이 충절과 학문을 기념하기 위해 지어진 정자이다. 풍경이 아름답기로 유명한 채미정은 나무 숲이 정자를 품고 있는 듯한 경치가 인상적인 곳이다. 석조다리에 드리워진 나뭇잎이 서로의 몸을 부대끼며 내는 사각거리는 소리, 새가 지저귀는 소리, 작은 개울이 흐르는 소리. 눈을 감으니 이 모든 소리가 더욱 선명하게 들려온다.

Ⓐ 경북 구미시 금오산로 366
Ⓜ Map → 2-★5

구미성리학역사관

금오지를 바라보고 금오산을 뒤로 한 채 서 있는 구미성리학역사관의 웅장함은 압도적이다. 조선시대 정치이념인 성리학의 근원이 구미에 있다. 야은 길재에서부터 김종직, 여헌 장현광에 이르기까지. 영남 인재의 반이 구미에 있다는 말이 있을 정도로 구미는 인재의 보고다. 구미성리학역사관에서 다양한 자료를 통해 확인할 수 있다.

Ⓐ 경북 구미시 금오산로 366-13
Ⓜ Map → 2-★6

Plus. 금오산올레길

금오산저수지를 따라 2.4km의 둘레길이 조성되어 있다. 나무 산책로가 안전하고 걷기 쉬워 아이들 혹은 어르신이 걷기에도 좋다. 수변 산책로를 따라 성리학역사관, 생태습지, 전망대, 조각공원이 위치하고 있어 저수지의 풍경과 함께 곳곳에 볼거리가 가득하다. 금오산저수지를 따라 걷는데 소요되는 시간은 약 40분. 야간에는 산책로에 조명이 밝혀져 분위기가 한층 로맨틱해진다.

Plus. 여리숲

가수 황치열은 구미를 대표하는 가수가 되었다. K-POP을 이끈 주역으로 아시아권의 인기도 대단하다. 그를 응원하는 팬들의 후원으로 금오산 아래 잔잔한 금오지 옆에 여리숲이 조성되어 있다. 이곳에 심어진 식재에는 그를 향한 응원의 메시지가 적혀 있어 팬들의 뭉클한 사랑이 느껴진다.

Ⓐ 여리숲1 : 경북 구미시 금오산로 218
여리숲2 : 구미시 수출대로3길 84
Ⓜ Map → 2-★10

SPECIAL PLACE

Geumridan Gill

작은 가게들이 주는 평화로움, 금리단길

무작정 발길 닿는 곳으로 향하는 것도 나쁘지 않지만, 목적한 곳이 있다면 금리단길 MAP을 손에 들고 여행하기를 권한다. 골목의 구조가 꽤나 복잡해서 길을 모르면 같은 골목을 맴돌 수 있기 때문이다. 계획을 잘 세우면 똘똘하게 금리단길을 섭렵하고 금오천으로 넘어갈 수 있을 것이다.

각산마을 금리단길

구미 여행은 각산마을 금리단길에서 시작된다. 구미역 후면광장을 향해 도로를 건너 골목으로 들어서면 구미의 오래된 마을, '각산마을'을 만나게 된다. 우동 맛집, 빵 장인의 베이커리, 작은 목공방, 소주한잔 하기 좋은 곱창집 등 하나 둘 맛집과 카페들이 들어서면서 구미의 이태원이라는 별칭을 가지게 되었으며, 흔히들 이곳을 '금리단길'이라고 부른다. 화려하지 않지만 작은 가게들이 주는 평화로움이 자리하고 있다. 골목을 걷다 보면 취향을 저격하는 생각지도 않은 보물과도 같은 장소를 만나게 된다. 사람과 길이 함께 만들어 내는 이야기가 미로(美路)가 되어 지금도 조금씩 진화하는 중이다. 단, 의도치 않게 정말 미로에 빠질 수 있으니 주의할 것! 길을 따라 걷다 보면 금오천에 다다르고 금오천을 지나면 자연스레 금오산으로 이어지므로 구미 여행의 시작점은 '금리단길'이 적합하다.

Ⓐ 경북 구미시 원남로8길 13 Ⓜ Map → 2-★12

금오천 벚꽃길

봄이면 금오천을 따라 벚꽃 나무가 핑크빛 터널을 이룬다. 구미를 대표하는 벚꽃축제인 금오천 벚꽃 페스티벌에는 버스킹 공연, 다양한 포토존, 거리노래방, 금오천낚시게임 등 다양한 행사가 펼쳐진다. 불 밝혀진 밤의 금오천은 더욱 로맨틱하다.

Ⓐ 경북 구미시 원평동 Ⓜ Map → 2-★11

a. 신상철선산곱창

구미에서 저렴하면서도 푸짐하게 한잔하고 싶다면 신상철선산곱창을 추천한다. 매콤하면서도 달콤한 곱창전골 국물 맛이 일품이다. 주문하면 곱창전골과 김치를 그릇 가득 내어준다. 이 김치가 곱창의 비릿한 냄새를 없애주는 역할을 하므로 곱창을 먼저 한 번 끓인 후에 김치를 넣고 한번 더 끓여 먹는다. 따로 설명을 해주지 않지만 내부 TV모니터에 보이는 '맛있는 녀석들'을 참고하면 된다. 이것이 바로 선산식 곱창전골이다. 끓이면 끓일수록 고기가 부드러워진다. 국물이 줄어들면 볶음밥은 필수 코스! 저렴하면서도 푸짐하게 술과 식사를 함께 할 수 있는 곳이다.

Ⓐ 경북 구미시 금오산로22길 36-8 Ⓣ 054-442-5812 Ⓟ 곱창 9,000원
Ⓗ 매일 10:00-21:50(15:00-17:00 브레이크타임), 월요일 휴무 Ⓜ Map → 2-R5

b. 총총칼국수

총총칼국수는 바지락이 아닌 동죽조개를 사용한다. 동죽조개는 총처럼 물을 쏘는 특징이 있어 물총조개라고도 불린다. 가게이름도 총총칼국수라 지은 이유가 여기에 있다. 동죽조개는 국물을 우려내면 뽀얗고 깊이가 있는 담백함이 특징이다. 유독 아이들을 데리고 오는 손님이 많고 웨이팅은 각오해야 하는 맛집이다. 칼국수집이지만 칼국수만큼 인기 있는 메뉴가 해물파전이다. 물총조개를 듬뿍 넣어 술안주로도 안성맞춤인 물총탕도 인기다.

Ⓐ 경북 구미시 금오산로22길 36-3 Ⓣ 0507-1355-9550
Ⓟ 물총칼국수 7,500원 Ⓜ Map → 2-R6

c. 유요

도자기 원데이 클래스를 진행하는 곳. 자신만의 개성 넘치는 작품을 만들어 보자. p.065

d. 왬리

LP 음악이 흐르는 와인바 우리가 쉽게 접할 수 없는 희귀 맥주를 맛볼 수 있으며, 와인과 위스키, 칵테일과 하이볼 등 다양한 주류를 판매한다. p.061

e. 인더그루브

구미 유일의 재즈 라이브 바, 인더그루브이다. 평범한 외관이지만 들어서면 짙고 묵직한 바(Bar) 풍경이 드러난다. p.060

f. 백금당

백금당은 수플레케이크 맛집이다. 밖에서는 이곳이 카페인지 식당인지 구별하기 어렵다. 안으로 들어서는 순간 다른 세상, 마치 70년대의 어느 카페로 시공간을 넘어온 기분이다. 기본적으로 조도가 굉장히 낮아 어둡고 음악소리도 없어 사람들의 말소리가 마치 BGM처럼 흐른다. 카페 구석구석 세심하게 신경 쓴 것이 느껴진다. 좌석 간의 거리가 넓고 불필요한 인테리어가 없어서 인지 내부가 분명 넓지 않음에도 불구하고 답답하지 않다. 조용하게 커피를 마시고 싶거나, 과하지 않은 레트로함을 좋아하는 사람이라면 추천하고 싶다. 무엇보다 너무 조용해서 시간의 흐름조차 잊고 있었다.

Ⓐ 경북 구미시 금오산로10길 14-1 1층 백금당
Ⓣ 0507-1398-9885 Ⓗ 매일 12:00-22:00
Ⓟ 말차우유 6,000원 Ⓜ Map → 2-C4

g. 배키우동

금리단길에서 가장 긴 웨이팅을 견뎌야 하는 곳, 배키우동이다. '구미에서 만나는 작은 일본' 캐치프레이즈에 걸맞게 입구부터 일본 고택을 연상시키는 인테리어가 인상적이다. 일본에서 수련한 오너가 일본의 맛을 그대로 표현하기 위해 고급 다랑어 등 5가지 생선 다시 육수를 12시간 우려내 만들고 있다. 자가제면이며 놀라운 것은 수타가 아닌 족타(足打)라는 점. 굳이 이렇게까지 해야 하나 싶지만 배키우동의 국물 맛을 보면 고개가 끄덕여진다. 우동 맛집이지만 이곳 부타동이 우동 못지않게 인기다. 다시에 자신 있으니 다른 메뉴도 맛없을 리 없을 듯.

Ⓐ 경북 구미시 금오산로18길 6-14　Ⓣ 0507-1302-5362　Ⓗ 매일 11:30-18:30, 월 휴무　Ⓟ 히마카와 우동 12,000, 부타동 12,000원　Ⓜ Map → 2-R4

h. 책봄

자체 출판서적과 독립서적을 중심으로 판매한다. 사람 좋아하는 '뚱사원'을 만난다면 인사를 건네주세요. p.064

i. 순하다목공

은은한 나무의 향으로 여행을 기억할 수 있는 곳. 우드카빙 원데이 클래스를 체험할 수 있다. p.065

j. 신사랑방

구미에서 만난 특이한 메뉴, 북어물찜을 맛볼 수 있는 곳. p.058

k. 콩밭애

좋은 콩으로 매일 아침 만들어내는 순두부 요리를 맛볼 수 있는 곳. p.058

l. 빠리맨션

입구에서부터 인스타 맛집의 향기를 뿜어낸다. 현관의 핑크빛 장미덩쿨에서 먼저 핸드폰 카메라를 꺼내 들게 하는 이곳은 지금 금리단길에서 한창 인기를 모으고 있는 이탈리안 레스토랑이다. 입구를 들어서면 새하얀 건물과 대비되는 강렬한 빨간 색 문이 너무도 강렬한 인상을 준다. 물론 이곳도 포토존이다. 1983년도에 건축된 주택을 불란서풍 레트로 감성의 레스토랑으로 개조하였다. 스테이크, 파스타, 리조또 등 이탈리안 메뉴가 주를 이루고, 통오징어 한 마리가 그대로 올려진 통오징어 먹물 리조또는 빠리맨션의 시그니처 메뉴. 크림치즈가 한가득이다. 유럽풍 가정집의 이국적인 분위기에서 편안하게 식사를 즐길 수 있다.

Ⓐ 경북 구미시 금오산로20길 4-1
Ⓣ 0507-1367-2041
Ⓗ 매일 11:30-22:00 (15:00-16:00 브레이크타임)
Ⓟ 통오징어 먹물 리조또 18,500원
Ⓤ @paris_mansion
Ⓜ Map → 2-R2

m. 올레길국수

올레길국수에는 뽕잎칼국수라는 특이한 메뉴가 있다. 면은 주인이 직접 뽑아서 사용하고 맑은 다시 국물은 깔끔한 맛이다. 그 외에도 함초손수제비와 같은 건강한 메뉴가 차림에 있다. 부추의 경상도식 표현인 정구지를 그대로 써 놓은 '정구지전'은 청량고추가 듬뿍 들어가 칼칼하다. 저렴하면서도 건강한 식당이다. 현지인의 추천에 납득이 간다.

- ⓐ 경북 구미시 산책길 33-2
- ⓣ 054-458-0611
- ⓟ 뽕잎칼국수 7,000원
- ⓜ Map → 2-R7

n. 시리베이커리

금리단길의 구움과자 맛집이다. 걸어 들어오는데 이미 주변에서 구움과자의 고소한 향기가 가득하다. 한적한 주택가 골목에 위치하고 있지만 내부는 완전히 다른 힙한 인테리어가 매력적인 곳이다. 거친 콘크리트 벽이 그대로 드러나 멋스럽고 골목이 바라다 보이는 창은 그것대로 인테리어가 된다. 귀퉁이 작은 공간도 창을 내어 아늑한 느낌을 주었다. 공간 인테리어가 돋보이는 곳이다. 베이커리 못지않게 커피가 맛있기로도 유명하다.

- ⓐ 경북 구미시 금오산로18길 11-1 1층
- ⓣ 0507-1351-0932
- ⓗ 매일 11:00-21:00, 월요일 휴무(마지막주 월, 화 휴무)
- ⓟ 클래식 휘낭시에 2,300원, 아메리카노 3,800원
- ⓘ @siri___bakery_gmo
- ⓜ Map → 2-C3

o. 옹근베이커리

천연발효종과 유산균종을 활용해 당일에 만든 빵을 그날 소진하는 옹근베이커리는 아기자기한 포토존과 아늑한 분위기의 베이커리 카페이다. 구미도서관과 구미시가 함께 만들어가는 '책 읽는 금리단길' 현판이 있는 곳으로 들어가서 자유로이 책을 읽을 수 있다. 오더룸은 넓지 않아 답답한 감이 있지만 오른쪽 안으로 오면 넓은 룸에 시원한 창으로 햇살이 가득 들어오는 풍경과 마주한다. 레트로한 소품, 책, 앤티크한 조명이 잘 어우러져 마치 가정집에 카페를 꾸며 놓은 듯한 편안한 기분이다. 창밖으로 금리단길의 거리가 훤히 보여 이 창 너머의 사계절이 궁금해졌다.

- ⓐ 경북 구미시 금오산로20길 7-6
- ⓣ 0507-1358-3970
- ⓗ 매일 09:00-22:00, 월, 화요일 휴무
- ⓟ 옹근유자휘낭시에 2,400원, 카페라떼 3,500원
- ⓜ Map → 2-C2

- ⓐ 경북 구미시 금오산로22길 5
- ⓣ 054-455-0382
- ⓗ 매일 10:00-23:00
- ⓘ @eupcheonri_geumosan
- ⓟ 딸기밭라떼 5,900원
- ⓜ Map → 2-C1

p. 읍천리382

읍천리382는 커피와 함께 샌드위치, 와플, 샐러드파스타 등 식사를 대신할 수 있는 다양한 메뉴를 갖추고 있다. 읍천리라는 한문 로고의 레트로한 느낌이 홀 내부에도 가득하다. 외부 계단으로 전혀 다른 별개의 장소로 2층 공간이 있어서 하루 종일 수다를 떨어도 좋겠다. 시그니처 메뉴는 딸기밭라떼. 그 외에도 망고, 블루베리, 자두 등 과일과 우유를 믹스한 음료가 눈에 띈다. 미숫가루와 쑥라떼와 같은 전통 음료도 인기 메뉴다. 예전에는 흔히 볼 수 있었던 일력, 자개농, 화려한 벽지, 꽃무늬 찻잔 등 소품 하나하나에 레트로 감성이 한가득이다.

SPOTS TO GO TO

구미역에서 시작되는 큼리단길은 구미의 가장 트렌디한 멋이 가득 모여 있는 곳이다.
조금만 발길을 뻗으면, 대한민국 제1호 도립공원 금오산의 아름다운 자연을 마음껏 누릴 수 있으며,
충신과 수많은 유학자를 배출한 도시인만큼 풍부한 역사 유적을 보존하고 있는 배움의 터이기도 하다.
흥미롭게도 신라불교가 시작된 곳이며 대한민국 근대화에 앞장선 도시이다.
한마디로 정의할 수 없는 구미의 다양한 매력을 모아보았다.

01
HEALING IN NATURE
자연속 힐링

02
HISTORY & CULTURE
학문의 길을 따라

03
SAEMAUL MOVEMENT
새마을운동의 시작

04
SILLA BUDDHISM
신라불교의 성지

Healing in Nature

자연속 힐링

구미는 자연보호운동의 발상지이다. 영남의 명산 금오산을 비롯하여 낙동강 등 풍부한 자연 자원을 보유하고 있다. 케이블카로 즐길 수 있는 금오산, 모노레일을 이용해 아이들의 탐험 욕구를 자극하는 에코랜드 등 자연에 파묻혀 잡념을 잊을 수 있는 힐링의 장소를 소개한다.

[금오산권]

낙동강체육공원 &구미캠핑장

낙동강체육공원은 무려 64만 평에 이르는 시민체육공원이다. 축구장, 농구장, 골프장 등 다양한 체육시설을 갖추고 있으며 계절마다 형형색색의 꽃들이 피어나 꽃구경을 위해 많은 방문객이 찾는다. 낙동강체육공원의 낭만의 정점은 구미캠핑장이다. 낙동강 뷰와 함께하는 구미캠핑장은 카라반, 오토 캠핑, 일반 캠핑 등 다양한 형태로 캠퍼들의 욕구를 만족시키고 있다. 광활한 부지, 잘 정비된 설비 등으로 캠퍼들 사이에서는 이미 유명한 캠핑장이다. 카라반 시설을 갖추고 있어 텐트를 준비하지 않아도 캠핑 감성을 충분히 즐길 수 있고 바로 옆에 낙동강체육공원이 함께하고 있어 다양한 운동시설을 이용할 수 있는 점도 강점이다. 2023년 3월 31일~4월 2일까지 국내 최대 캠핑페스티벌 '고아웃캠핑페스티벌'이 구미캠핑장에서 펼쳐져, 저마다의 감성과 멋을 채워 여유를 즐기는 캠퍼들의 즐거운 함성이 가득했다. 2022년 뜨거운 여름에 개최된 이열치열 '라면캠핑페스티벌'은 이색적인 나만의 라면레시피 경연대회, 라면 ASMR, 라면스프 맞추기 등 다양한 라면 행사가 펼쳐졌다. 낙동강체육공원에는 이러한 다양한 행사가 개최될 뿐 아니라 벚꽃과 금계국, 핑크뮬리와 코스모스 등 계절마다 피어나는 꽃들이 아름다운 색으로 물들어 황홀한 광경을 연출하기도 한다.

Ⓐ 경북 구미시 낙동제방길 200 Ⓣ 054-480-2184
Ⓤ https://www.ginco.or.kr/camping Ⓜ Map → 2-★16, 2-★17

Tip. 주차장은 제2주차장 혹은 제4주차장을 이용하는 것이 가깝고 편리하다. 제4주차장에는 무료자전거대여소가 있어 드넓은 공원을 즐기기에도 좋다.

[금오산권]

지산샛강생태공원

지산샛강생태공원은 고즈넉한 분위기의 벚꽃 명소이다. 사람이 많지 않아 한적하게 벚꽃을 즐기기에 좋다. 샛강을 따라 둥글게 선을 그리며 피어 있는 벚꽃이 고즈넉한 분위기를 자아낸다. 잘 다듬어진 벚꽃길을 따라 천천히 걸으며 바라보는 샛강의 탁 트인 시야가 시원하다. 하지만 지산샛강의 진면모를 알 수 있는 계절은 여름이다. 샛강 전체에 연꽃이 가득 피어나기 때문이다. 푸른 잎이 늘어진 커다란 버드나무가 샛강의 운치를 더한다.

Ⓐ 경북 구미시 지산동 845-85 Ⓜ Map → 2-★14

> **Tip**
> 내비게이션은 지산샛강생태공원 화장실로 검색하는 것이 주차장 진입에 편리하다.

(천생산권)

천생산

천생산은 '하늘이 만든 산'이라는 의미를 가진 높이 407m의 그리 높지 않은 산이다. 특이하게도 산 정상이 뾰족하지 않고 평평하여 일자봉이라고도 부른다. 낮고 완만한 등산로는 걷기 좋고 봄이면 꽃이 만발하고 소나무 숲으로 가득해 산책하기 좋다. 정상 미덕암까지는 출발지점에 따라 다를 수 있지만 약 1시간이면 다다른다. 정상에는 두 그루의 소나무 부부송이 방문객을 맞이한다. 자연할석(自然割石)을 쌓아 만든 천생산성은 신라시조 박혁거세가 처음 쌓았다고 한다. 보기에는 나지막한 산이지만 산 정상은 사방이 절벽으로 되어 있어 예로부터 군사적으로 중요한 역할을 하였다. 정상에서 구미시가지와 금오산까지 한 눈에 들어오므로 짧은 산행 후 전망을 감상하기 좋은 뷰 포인트이다.

Ⓐ 경북 구미시 신동   Ⓜ Map → 3-★7

(천생산권)

동락공원

'같이 생각하고 같이 즐기는' 이라는 의미를 가진 동락공원은 구미대교와 남구미대교 사이 낙동강변을 따라 넓게 자리한다. 그 너비가 무려 102,305평에 이르고 산책로만 9km에 이르는 잔디밭과 각종 체육시설이 갖추어져 있는 도심공원이다. 첨단 전자도시 구미를 상징하는 세계 최초의 전자 신종이 설치되어 있고 매년 12월 31일 이곳에서 행사가 열린다. 공용자전거 대여소에서 무료로 자전거를 빌려 낙동강을 따라 신나게 달려보자. 동락공원내에는 민속정원이 자리하고 있는데 황토벽으로 지은 원두막 쉼터와 작은 연못이 있는 특별한 공간이다. 봄이면 벚꽃과 개나리꽃이 가득해져 꽃길 자전거 라이딩을 즐길 수 있다. 구미과학관이 자리하고 있어 아이와 함께 둘러보면 좋다.

Ⓐ 경북 구미시 3공단1로 191   Ⓣ 054-480-4612   Ⓜ Map → 3-★5

Plus. 구미과학관

공기, 빛, 중력, 블랙홀, 로켓발사 등 아이들이 좋아할 만한 체험 시설이 가득하다. 주로 2층에서 체험이 가능하고 1층은 4D 상영관과 달과 지구에 관현 이야기를 들려주는 원형 돔 형태의 플라네타리움이 자리하고 있어 흥미롭다. 구미과학관 2층 옥외전망대는 동락공원과 낙동강을 전망할 수 있는 뷰 포인트이므로 놓치지 말자.

Ⓐ 경북 구미시 3공단1로 219-1 (동락공원 풍차 앞)
Ⓗ 10:00-18:00 월요일
Ⓟ 어른 3,000원 어린이 1,000원
Ⓤ www.gumisc.or.kr
@gumisc6508
Ⓣ 054-476-6508
Ⓜ Map → 3-★4

(천생산권)

에코랜드

생태탐방 모노레일이 있어 아이들의 놀이 욕구를 자극하고 풍부한 산림자원을 체험해 볼 수 있는 곳이다. 먼저 아이들이 안전하게 뛰어놀 수 있는 너른 잔디와 놀이터가 있어 우선 마음이 놓인다. 주차장 뒤편 산림문화관 3층에서 모노레일에 승차할 수 있다. 모노레일은 산동참생태숲을 넓게 돌면서 전망대정거장, 생태숲정거장에 정차한다. 단, 내릴 수 있지만 다시 승차는 할 수 없다는 점 기억하길. 모노레일을 타고 광활한 구미의 풍경을 내려다볼 수 있으니 답답한 마음은 잠시 넣어두고 풍경을 즐기자. 산림의 생태를 전시하고 체험할 수 있는 산림문화관을 비롯하여 자생식물단지, 어린이 테마교과숲, 산림복합체험단지 등 숲과 관련된 자연체험시설로 이루어져 있으며 다양하고 안전한 놀이시설이 있어 편안한 마음으로 아이들과 함께 할 수 있다.

Ⓐ 경북 구미시 산동읍 인덕1길 195
Ⓗ 09:00-18:00 (11:50-12:50 모노레일 휴게, 5분 간격으로 운행) 월요일 휴무
Ⓤ http://gumi.go.kr/ecoland
Ⓣ 055-860-8109
Ⓜ Map → 3-★9

선산권

구미보

구미보는 낙동강 10경 중 8경으로 선정될 만큼 풍광이 아름다운 곳이다. 특히 라이딩 코스로 유명하다. 장수와 복을 상징하는 거북이 형상을 하고 있으며 낙동강을 중심으로 좌안은 해평면에, 우안은 선산읍에 위치하고 있다. 낙동강을 가르는 다리를 이용해서 구미보 전망대까지 걸어갈 수 있다. 차량은 진입이 불가능하다. 거센 바람과 싸워야 하지만 낙동강의 정중앙에 서서 360도 낙동강을 전망할 수 있는 곳은 그리 흔치 않다. 구미보는 연간 1,477만kWh의 전력을 생산하고 있으며 연간 1만 4천명이 이 전력을 사용하고 있다. 주차는 좌안, 또는 우안 주차장을 이용할 수 있다.

Ⓐ 경북 구미시 선산읍 원리 1057-26 Ⓜ Map → 4-★14

선산권

안곡역참마을

안곡역참마을은 한양으로 가던 길목에 위치하고 있어 예로부터 과거를 보러 가던 선비들은 이곳에 머물러 여독을 풀었다고 한다. 합격을 기원하며 선비들이 마셨다고 하는 우물이 지금도 남아 있다. 말과 선비가 함께 쉬고 있는 벽화가 이곳이 역참마을임을 알려준다. 구미의 숨겨진 비경 9길중에 무을지에서 안곡역참까지 2.5km의 길이 포함되어 있는데, 마을의 역사를 알려주는 수 백 년을 버틴 느티나무들이 감탄사를 자아낸다. 안곡마을 입구에 위치한 총 다섯 그루의 보호수가 장관을 이룬다. 안곡은 박해받던 천주교 2대 신부인 최양업 신부가 숨어 지낸 곳이기도 하다. 사람은 사라지고 없지만 유독 고요하게 느껴지는 무을저수지와 느티나무는 이 모든 역사를 지켜보았으리라 생각하니 자연스레 머리가 숙여진다. 역사와 비경이 함께하는 아름다운 길이다.

Ⓐ 경북 구미시 무을면 안곡1길 29
Ⓜ Map → 4-★1

선산권

수다사

수다사는 구미 최고의 가을여행지로 손꼽히는 곳이다. 절이 아니라 마치 산속의 자연휴양지를 찾는 기분이다. 가을 하늘아래 샛노랗게 물든 은행나무 풍경이 아름답기로 유명해 전문 사진작가들도 찾는다. 작은 규모의 수다사이지만 선산지역의 가장 오래된 절이며 임진왜란 때에는 왜군에 맞선 승려들이 호국집회를 열었던 것으로 알려져 있다. 명부전, 견륭37년명동종, 대웅전 목조 아미여래좌상, 영산회상도 총 4점의 문화재를 보유하고 있는 결코 작지 않은 절이다. 가을에 구미를 찾는다면 수다사의 단풍 사진은 잊지 말고 꼭 담아오도록 하자

Ⓐ 경북 구미시 무을면 상송리 779 Ⓣ 054-481-9338
Ⓜ Map → 4-★3

[선산권]

옥성자연휴양림

자연에 온전히 나를 맡기고 싶다면 옥성자연휴양림으로 발걸음을 옮겨보자. 나무가 뿜어내는 향기와 푸른 잎들의 향연은 잔뜩 웅크린 몸을 활짝 펴게 만든다. 전날 비라도 내린 날이면 풀과 흙의 향기가 휴양림 안에 그득하다. 숲만 있을 줄 알았더니 잔잔한 저수지 '주아지'가 있어 먼 유럽의 호수 풍경이 부럽지 않다.
그 주변으로 산책로가 잘 설치되어 있어 풍경을 감상하며 한가로이 걷기 좋다. 봄이면 벚꽃길이 펼쳐지고 가을이면 산책로가 울긋불긋 아름답게 물든다. 숙박시설은 황토로 만들어진 16개 동의 '숲속의 집'과 9개의 객실로 이루어진 '산림문화휴양관'으로 나누어져 있다. 그 외에도 야영데크, 자연관찰원, 숲속교실 등 다양한 시설들이 있어 아이들과 함께 자연을 체험할 수 있는 공간으로 활용할 수 있다.

Ⓐ 경북 구미시 옥성면 휴양림길 150 Ⓣ 054-480-2080
Ⓗ 09:00-19:00(11월-2월 09:00-18:00), 화요일 휴관
(성수기 7월 15일~8월 24일은 제외)
Ⓤ 예약 https://gumiokseong.foresttrip.go.kr
Ⓟ 입장료 1,000원 (객실 이용자는 무료) Ⓜ Map → 4-★22

[선산권]

들성생태공원 왕벚꽃길

수변 산책로가 잘 갖춰진 들성생태공원은 봄에는 겹벚꽃, 여름에는 연꽃이 가득해 장관을 이룬다. 바로 옆에 위치한 문성지는 사계절 꽃과 나무로 자연을 만끽할 수 있는 약 2km 길이의 둘레길이 있어 들성생태공원과 함께 산책하기 좋다.

Ⓐ 경북 구미시 고아읍 들성로 174-8 Ⓜ Map → 4-★10

> 선산권

농부의 정원

가을 단풍 맛집 수다사로 가는 길에 체험카페 농부의 정원이 위치하고 있다. 사과 수제청만들기, 모래놀이장, 동물 밥 주기 등 아이들이 신나게 체험하고 즐기고 노는 공간이다. 최근 도시에는 모래놀이 하는 곳을 찾기 힘들다. 이곳에서 아이들은 흙과 모래, 식물과 동물들과 함께 오감을 나눈다. 경치도 아름다워 도심의 소란스러움은 온데간데없다. 세심한 정성과 배려에서 오너의 세련된 감각이 느껴진다. 주말에만 운영하고 전화 예약제로 운영된다.

Ⓐ 경북 구미시 무을면 수다사길 96 농부의정원
Ⓣ 0507-1348-8721
Ⓗ 토, 일요일 11:00-17:30 Ⓘ @farmer_garden_
Ⓟ 새싹보리체험(음료포함) 7,000원, 만 24개월미만 무료입장
Ⓜ Map → 4-★S3

> 선산권

선산선인장농원

40년 동안 선인장만을 키워온 선인장 장인이 운영하는 농원이다. 총 1,500평의 9동에 이르는 비닐하우스에서 수백 종의 선인장이 재배되고 있으며, 품종 수량과 재배 기술은 전국 최고 수준이다. 이곳에서 재배되는 희귀품종에 대해 유전적 보존가치가 있다고 판단, 전문가 회의가 열리는 등 관심이 집중되고 있으며 관광자원으로 활용하기 위해 일반 시민에게도 개방되었다. 사람의 키를 훌쩍 넘는 선인장들이 가득하니 마치 다른 세상에 와 있는 듯한 착각이 든다.

Ⓐ 경북 구미시 선산읍 포상1길 40-3
Ⓣ 054-482-0589 Ⓜ Map → 4-★S1

Plus 상송식당

상송식당은 고즈넉한 전원 풍경과 무울저수지를 눈 앞에 둔 풍경 맛집이다. 어마어마한 크기의 무울공영주차장에 차를 대고 바로 옆에 위치한 식당을 찾아 들어서면 먼저 상송카페라는 문구가 눈에 들어온다. 식당을 찾아 안쪽으로 들어오니 할머니집 감성의 아기자기한 상송식당이 모습을 드러낸다. 여기저기 보이는 손글씨, 상송식당의 감성을 한껏 끌어올리는 조명들, 손뜨개 가림막 커튼. 주인장의 세월과 정성이 고스란히 느껴지는 인테리어다. 식당 창으로 펼쳐지는 무울저수지의 풍경이 기가 막힌다. 무울저수지와 상송식당은 하나의 풍경이라 따로 떼어놓고 이야기할 수 없을 듯하다. 카페도 함께 운영되고 있어 식사 후에는 차와 풍경을 함께 즐길 수 있다. 수다사가 가까워 함께 들리거나, 안곡역참마을과 무을생태공원을 묶어 구미의 걷기 좋은 길을 걸어도 좋다.

Ⓐ 경북 구미시 무을면 상무로 608-6 Ⓣ 054-481-9167 Ⓗ 매일 10:30-19:00, 월요일 휴무
Ⓟ 닭불고기 작은 판 25,000원 카페라떼 5,500원 Ⓜ Map → 4-★R2

INTERVIEW

PROFILE
양주동
선산선인장농원 대표

선산선인장농원을 찾던 날은 그전 삼 일 내내 비가 내려 땅은 물기를 가득 머금고 있었고, 간판도 하나 없는 이곳이 농원인지 외부에서는 파악하기 힘들었다.

사람의 흔적을 쉽게 찾아볼 수 없는 농원의 내부로 주인장의 허락 없이 들어온 불청객을 웃음으로 맞으신다.
이곳이 33년간 한 길만 걸어온 선인장 장인이 운영하는 농원이다.
총 9동의 비닐하우스 농원을 소개하는 장인의 목소리는 자신감으로 가득하다.
선산선인장농원의 히스토리를 양주동 대표에게 직접 들어 보았다.

Ⓐ 경북 구미시 선산읍 포상1길 40-3
Ⓣ 054-482-0589

이곳에 선인장 농원이 있을 것이라고 생각을 못했습니다. 이 깊은 곳에서 선산선인장농원을 운영하게 된 계기가 궁금합니다.

저희 아버지께서 그 옛날에 벼 품종 개발을 하시어 최신 농법을 개발하시던 분이셨습니다. 이곳이 원래 벼농사를 짓던 곳이에요. 1980년대 초반, 당시 단어조차 생소했던 시대에 유기농 농법으로 벼농사를 지었습니다. 식량을 늘려야 하는 시절에 유기농법으로 농사를 짓는다고 하니 다들 만류했었죠. 그때 아버지를 돕고 있었는데 여러가지 상황에 직면해 농사를 그만두게 되고 그때 제가 하고 싶은 것을 하자 생각했어요. 제가 1970년대에 정통 분재를 하였던 경험이 있어서 꽃을 해야겠다고 결심했습니다. 그런데 장미나 국화는 너무 흔했고, 제가 품종 개발도 자신 있었기에 특이한 것을 하기로 결심하고 선인장을 시작하게 되었습니다.

규모가 어느 정도 되며, 한국에서는 보기 힘든 희귀종들이 많다고 들었습니다.

전체 약 3,500평 규모에 선인장만 약 2,500평 정도 됩니다. 한국에서 보기 힘든 희귀종과 제가 직접 교배해서 만들어낸 선인장들이

> 사람과 마찬가지로 꽃 모양과 향이 제각각 다르고 성질이 다 달라요.

비닐하우스 9개 동에서 자라고 있습니다. 제가 선인장을 시작한 지 33년이 되었으니 그보다 훨씬 오래된 것들도 많습니다. 저희는 전체적인 규모가 크기보다는 사이즈가 큰 선인장이 많기로는 저희가 최고라고 생각합니다. 그리고 한국에서는 보기 힘든 희귀종이 많습니다.

선산선인장농원에 유독 사이즈가 크고, 희귀종이 많이 이유가 있나요?
보편적으로는 요즘 수요가 많으니 빨리 키워서 출하를 시키죠. 다른 사람들은 좋은 것들을 먼저팔아 버리고 남은 선인장의 씨를 받지만 저희는 어지간해서는 팔지 않고 오래 키운 선인장들의 많고 이쁜 애들에게서 씨를 받아내니 좋을 수밖에 없죠.

그중에서도 귀한 선인장은 어떤 것들이 있나요?
선인장 중에서는 귀족에 해당하는 '태평환'과 예쁜 꽃이 피는 '대통령'이라는 아이도 있어요. 이런 애들은 희귀종 중의 희귀종입니다. 꽃을 보기 힘들다는 '변경주'도 있습니다. 조그만 꽃 하나가 피어도 엄청난 화제가 되기도 하죠. 그리고 관엽식물들도 특이한 무늬가 나타나면 희귀종이라고 하잖아요? 선인장도 마찬가지입니다. 특이한 무늬가 들어가면 몸값이 수십 배씩 뛰어오릅니다. 키우기 불리한 것들이 결국 이쁘고 값도 높아요. 사람과 마찬가지로 꽃 모양과 향이 제각각 다르고

성질이 다 달라요. 아침에 비닐하우스에 들어오면 한두 송이만 피어도 향이 가득합니다. 그리고 제가 모두 교배해서 만드니 특이하지 않은 것이 없어요.

앞으로 식물원을 어떻게 운영하실 생각이신지요.
제가 실내조경도 15년 정도 했습니다만 이런 것들은 한국에서는 정말 보기 힘들어요. 제 선인장을 보고 감탄하면서 기존의 인테리어를 확 바꾸신 분들도 계시죠. 저희 것들을 전시하면 단연 전국 최고입니다. 원래는 제가 식물원을 하고 싶었어요. 정통 분재를 했으니까요. 지금은 도매로만 판매를 하고 있어요. 사람들이 너무 많이 오면 감당을 못할 것 같다는 생각이 듭니다.

자부심이 느껴집니다.
사람도 외모, 소질이 다 다르듯이 선인장도 의도적으로 만드는 것에 따라 모두 달라집니다. 사진 한 장만 보고 외국에서 들여올 정도로 열정을 쏟았지요. 제가 모두 교배한 것들이라서 국내선 꽃 핀 적이 없는 품종도 저희 집에서는 꽃을 피웁니다. 저희는 어찌 된 것이 가시마다 꽃이 피기도 합니다. 서울에서 소매상을 오래 하시던 분들도 "이런 게 있어요?" 하고 놀랍니다. 여기 있는 것들은 모두 골동품입니다.

History and Culture

학문의 길을 따라

구미는 조선시대를 대표하는 명유학자 여헌 장현광, 성리학에 매진한 고려의 충신 야은 길재, 사육신중 한 사람인 단계 하위지, 생육신 중 하나인 경은 이맹전 등 충절과 절개를 지키며 후학 양성에 힘쓴 학자들을 배출한 도시이다. 학문과 예를 찾아 떠나는 여행을 즐겨보자.

> **Plus. 밤실벽화마을**
>
> 구미 곳곳에서 야은 길재 선생의 흔적을 만날 수 있다. 그 중에서 밤실벽화마을은 아기자기한 벽화로 길재 선생의 일생을 엿볼 수 있는 곳이다. 길재선생과 밤실에는 다음과 같은 인연이 있다. 어려운 살림에도 노모를 극진히 모셨던 길재의 절의와 인품에 감복한 선산 군수가 길재를 찾았으나 가진 것이 없고 땅도 척박하여 아무것도 나지 않는 것을 알고 지금의 밤실의 넓고 좋은 땅을 주었다. 그러나 길재 선생은 쓸 수 있는 곳 만을 남기고 모두 돌려주었다고 한다. 이러한 일화를 바탕으로 한 총 4가지의 이야기 코스의 벽화로 남겨져 있다.
>
> Ⓐ 경북 구미시 문장로12길 9-14   Ⓜ Map → 2-★13

금오산권

야은역사체험관

야은역사체험관은 고려 말의 성리학자 야은 길재 선생의 사상과 학문을 체험할 수 있는 곳이다. 고려의 충신으로 알려진 길재 선생은 고려가 망하고 조선이 건립된 후 자신은 두 분의 임금을 모실 수 없다 하여 벼슬을 마다하고 고향으로 내려와 후학을 양성하는 데 힘쓴 인물이다. "어즈버 태평연월이 꿈이런가 하노라" 하는길재 선생이 쓴 회고가는 우리에게도 친숙하다. 수양각 전시실로 들어서면 먼저 길재 선생의 가르침을 압축한 단어 충효청교(忠孝淸敎)가 먼저 눈에 들어온다. 임금에 대한 충절, 부모에 대한 지극한 효성, 청렴과 가르침은 길재 선생이 평생을 걸어온 길이다. 충신과 효자를 뽑아 전기로 엮은 책 삼강행실도의 충신편에도 길재 선생이 벼슬을 버리고 귀향하는 모습을 담고 있다. 야은역사체험관은 주변 경관이 너무 아름다워 선생의 가르침을 잊을 지경이다. 문을 나서면 잔디광장이 펼쳐지고 주변에 메타세콰이어 길이 펼쳐진다. 금오산 주변은 야은역사체험관을 비롯해 채미정, 대혜폭포 등 길재 선생과 관련된 유적이 다수 모여 있다.

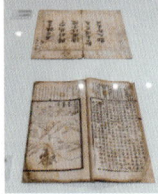

Ⓐ 경북 구미시 남통동 산24-18
Ⓗ 09:00-18:00 월요일 휴무
Ⓜ Map → 2-★3

> 금오산권

구미성리학역사관

구미는 조선시대 정치이념인 성리학의 산실이다. 성리학자 이중환은 택리지에서 '세속에 이르기를 조선 인재의 반은 영남(嶺南)에 있고 그 반은 일선(一善)에 있다'라고 하였다. 이 글에서 일선(一善)은 구미 선산(善山)의 옛 지명에 해당한다. 고대에서 현대에 이르기까지 구미의 역사인물과 그들의 업적, 역사와 문화를 체험할 수 있는 구미성리학역사관이 금오산 자락 금오지가 훤히 내려다보이는 곳에 위치하고 있다. 아름다운 한옥채가 금오지를 바라다보는 전경이 압도적이다. 딱딱한 박물관의 이미지에서 벗어나 중고등학생을 대상으로 구미의 역사를 더듬어 보는 청소년 특강, 실제로 먹물을 묻혀 목판을 체험해 보는 목판탁본체험, 민화 부채만들기 등 시즌에 따라 다양한 프로그램이 운영되고 있다.

Ⓐ 경북 구미시 금오산로 336-13 Ⓣ 054-480-2681~7 09:00-18:00 월요일 휴무
https://www.gumi.go.kr/museum/ Ⓜ Map → 2-★6

> 금오산권

왕산허위선생기념관

독립운동가 허위 선생의 업적을 기리기 위해 선생이 유년 시절을 보낸 구미 임은동에 설립된 기념관이다. 허위 선생은 1855년 구미에서 태어나 성균관 박사를 거쳐 주요한 관직을 거치다 을사늑약이 체결되자 1907년 의병을 일으켜 일제 통감부를 습격하려는 계획을 세웠으나 실패하고 1908년 일본 헌병부대의 기습으로 체포되어 서대문형무소에 투옥, 그 해 사형수로 순국하였다. 기념관에는 선생의 업적을 기리는 영상과 자료들로 이루어져 있다. 주차장 입구 돌계단을 따라 오르면 허위 선생 묘소와 유허비로 오를 수 있다. 조용한 분위기에서 선생을 뜻을 한 번 더 되새겨볼 수 있는 곳이다.

Ⓐ 경북 구미시 왕산로 28-33
Ⓣ 054-465-6622 Ⓗ 09:00-18:00 월요일 휴무
Ⓤ www.wangsanhuhwi.or.kr Ⓜ Map → 2-★21

(천생산권)

인동향교(仁同鄕校)

인동향교는 조선시대를 대표하는 향교로 지금도 구미의 중요한 교육 자원으로 활용되고 있다. 향교는 서원과 마찬가지로 성현의 위패를 모시고 제사를 지내며 서원이 사설 교육기관이라면 향교는 공적 교육기관이라고 할 수 있다. 마찬가지로 중등교육을 담당하였다. 인동향교의 대성전에는 공자를 비롯한 중국 성현과 우리나라 18현의 위패를 모시고 있다. 경상북도 유형문화재로 등록되어 있다.

Ⓐ 경북 구미시 임수동　Ⓣ 054-472-9697
Ⓜ Map → 3-★3

(천생산권)

여헌기념관

여헌 장현광 선생은 퇴계 이황, 율곡 이이 선생과 함께 한국 유학을 대표하는 성리학자이다. 관직을 마다하고 후학 양성에만 몰두하였다. 10대에 이미 학문이 뛰어났으며 14세에 성리대전(性理大典)이라는 책을 처음 접한 후, 18세에 이르러 평생 학문의 주제로 추구해 온 우주사업을 담은 「우주요괄(宇宙要括)」을 지었다. 이는 시기적으로 중국에도 앞서는 업적이다. 여헌기념관은 인동장씨 종가에서 부지를 제공하고 국가 및 지자체의 협력으로 건축되어 여헌학(旅軒學)연구회가 운영하고 있다.

Ⓐ 경북 구미시 수출대로 330
Ⓣ 054-471-2469
Ⓗ 10:00-17:00 일요일 휴무
Ⓜ Map → 3-★2

(천생산권)

모원당(慕遠堂)

모원당은 여헌 장현광 선생이 살던 곳이다. 벼슬을 마다하고 고향에 내려와 살았으나 임진왜란으로 고향이 불타자 떠돌아다니던 그를 제자들이 힘을 모아 1606년에 모원당을 지어 이곳에 정착하게 하였다고 한다. 모원당으로 들어가기 위해서는 담벼락으로 둘러싸인 커다란 대문을 통과해야 하지만 정작 모원당은 한 칸짜리 홑처마의 소박한 흙집이다. 사람 한 몸 뉘면 꽉 찰 정도의 작은 이 곳에서 선생은 오랫동안 글을 썼다고 전해 진다. 모원당 앞 마당에 선생이 심었다고 하는 회화나무가 보호수로 지정되어 마당을 지키고 서 있다. 현재는 자손이 집을 가꾸며 살고 있다.

Ⓐ 경북 구미시 인동11안길 8-11　Ⓜ Map → 3-★6

(천생산권)

동락서원 (東洛書院)

낙동강 북북쪽 구미대교 다리 밑자락에 동락서원이 자리하고 있다. 동락서원은 여헌 장현광 선생을 추모하기 위해 조선 효종 6년에 세워지고 숙종 2년에 사액서원이 되었다. 여헌 장현광 선생과 장경우 선생의 위패가 모셔져 있다. 동락서원 입구에는 여헌 선생이 직접 심었다고 전해지는 거대한 은행나무 보호수가 자리하고 있다. 낙동강변에 접해 있어 드넓은 뷰를 자랑하고 동락신나루에는 나룻배 전망대가 있어 환상적인 낙동강 풍경을 즐길 수 있다. 낙동강 수상레포츠체험장도 위치하고 있어 역사와 문화를 즐기면서 다양한 어트랙션도 체험할 수 있다.

Ⓐ 경북 구미시 수출대로 327-13
Ⓣ 054-480-2673　Ⓜ Map → 3-★1

(선산권)

월암서원(月巖書院)

월암서원은 사육신의 한 사람인 하위지(河緯地), 생육신의 한 사람인 이맹전(李孟專), 고려 말기 문신 김주(金湊), 명종 때의 학자 박운(朴雲) 등 충절과 절개, 의리를 지킨 그야말로 구미를 대표하는 학자들의 위패를 모시고 있는 곳이다. 꽤나 가파른 언덕을 올라 월암서원에 다다르니 유유히 흐르는 낙동강과 묵묵히 자리를 지키고 선 소나무 풍경은 넋을 잃을 정도로 아름답고 서원의 내부는 적막이 흘러 분위기가 고요하다.

Ⓐ 경북 구미시 도개면 월림2길 134-8
Ⓜ Map → 4-★23

(선산권)

낙봉서원(洛峰書院)

비옥한 토지와 넓은 들판이 펼쳐지는 평화로운 풍경을 자랑하는 해평면에 1646년(인조24) 유림이 뜻을 모아 세운 낙봉서원이 있다. 1787년(정조11)에 사액서원이 승격되었으며 선현의 위패를 모시고 지방교육을 담당하였다. 그 후 1868년(고종5)에 흥선대원군의 서원철폐령으로 훼철되었다가 1931년 유림의 발의로 복원되어 다시 위패를 봉안하게 되었다. 주변에 쌍암고택과 북애고택이 있어 함께 들리면 좋다.

Ⓐ 경북 구미시 해평면 낙성1길 84-7   Ⓜ Map → 4-★19

(선산권)

금오서원(金烏書院)

금오서원은 야은 길재 선생의 학문과 충절을 기리는 서원이다. 서원은 조선시대에 선현에 대한 제사를 모시고 청소년 인재를 교육하는 사설 교육 기관으로, 지금의 중고등학교에 해당한다. 선산(善山)의 남산(藍山) 산자락에 위치한 금오서원은 가파른 돌계단 위에 정문에 해당하는 읍청루(挹淸樓)가 있고, 강당인 정학당(正學堂), 기숙사에 해당하는 동재(東齋), 학생들을 가르치는 서재(西齋)가 각각 위치하고 있다. 사당인 상현묘(尙賢廟) 는 제사를 지내는 곳이다. 이곳에 길재(吉再), 김종직(金宗直), 정붕(鄭鵬), 박영(朴英), 장현광(張顯光) 총 다섯 학자들의 위패가 모셔져 있다. 임진왜란 때 소실된 후, 지금의 남산에 복원되었다. 야트막한 남산의 자연과 어우러진 단청의 색이 유독 아름답다. 정문 읍청루로 오르는 돌계단을 힘들게 오르지 말고 서원을 좌측으로 돌면 내부로 들어갈 수 있는 관리실이 위치하고 있다.

Ⓐ 경북 구미시 선산읍 유학길 593-31 Ⓣ 054-480-2681~7 Ⓗ 09:00-18:00 월요일 휴무
문화관광해설서비스 평일 10:00-17:00(점심 12:00-13:00) 월요일 휴무
Ⓤ https://www.gumi.go.kr/museum Ⓜ Map → 4-★15

(선산권)

매학정(梅鶴亭)

조선시대 명필 황기로가 1533년(중종28)에 건립한 기와집이다. 집 주변에 매화를 심고 학을 길러 매학정이라 불렀다. 황기로는 조선시대 명필로 벼슬을 마다하고 서예에만 정진했다. 초서에 능했으며 중국에서도 인정받았다. 낙동강 전망이 시원하게 펼쳐지고 매화가 피는 시기에는 매학정과 주위 풍경이 어우러져 한 폭의 그림을 연상시킨다. 조용한 분위기를 만끽하며 명필가의 풍류를 느낄 수 있는 곳이다.

Ⓐ 경북 구미시 고아읍 강정4길 63-6 매학정 일원 Ⓜ Map → 4-★17

Saemaul Movement
새마을운동의 시작

구미는 '한강의 기적'을 일군 대한민국 제5대~제9대 대통령을 지낸 박정희 대통령이 태어난 곳이다. 경제발전의 근간을 마련한 박정희 대통령의 삶의 궤적을 따라가 본다.

〔금오산권〕

새마을운동 테마공원

새마을운동은 1970년대에 가난했던 대한민국이 빈곤에서 벗어나고자 시작된 지역사회 개발운동이다. 이는 '한강의 기적'이라고 불리는 눈부신 경제성장을 뒷받침하는 기초가 되었으며, 새마을운동의 세계화로 외국에서도 주목하는 무형의 글로벌 자산이다. 구미 사곡동 일대 약 24만㎡에 이르는 부지에 새마을운동의 이념과 정신을 기념하기 위해 새마을운동 테마공원이 조성되었다. 새마을운동과 관련된 전시와 체험활동, 그리고 다양한 국내외 교육 활동을 추진하는 복합공간으로 새마을운동의 랜드마크로 자리매김하고 있다. 특히 새마을운동 테마촌은 당시의 생활상을 직접 체험해 볼 수 있는 인상적인 공간이다. 부모님 세대에서부터 아이들에 이르기까지 새마을운동의 추억과 교훈을 제공하고 있다. 무엇보다 주변에는 드넓은 공원이 조성되어 있어 산책하거나 주말을 즐기기에도 좋은 힐링 공간이다.

Ⓐ 경북 구미시 박정희로 155　Ⓣ 054-450-0153　전시관 Ⓗ 09:00-18:00, 야외 24시간, 월요일 휴무　Ⓤ https://gb.go.kr/Main/saemaul/　Ⓜ Map → 2-★20

`금오산권`

박정희대통령 민족중흥관

박정희대통령의 생가를 방문하기 전에 먼저 박정희대통령의 활동 사진들이 전시되어 있는 민족중흥관을 먼저 만나게 된다. 대통령의 어린시절, 대통령으로서 걸어온 길, 새마을운동의 역사 등 생애와 업적, 발자취를 다양한 사진들을 통해 쉽게 알 수 있도록 마련되어 있다.

Ⓐ 경북 구미시 박정희로 155 Ⓣ 054-450-0153 Ⓗ 전시омент 09:00-18:00, 야외 24시간 월요일 휴무 Ⓤ https://gb.go.kr/Main/saemaul/ Ⓜ Map → 2-★18

`금오산권`

박정희대통령 역사자료관

박정희대통령 역사자료관은 박정희대통령 유품 5,649점, 구미공단 50주년 기념 자료 1,000여 점 위탁 받아 전시·보존하고 있다. 구미의 산업발전을 체계적으로 보여주는 상설전시실, 관련 자료를 검색할 수 있는 아카이브실이 마련되어 있어 아이들을 동반한 부모님들이 주로 눈에 띈다. 근대화를 실제로 체험한 어르신들에게는 지난 세대의 향수를 느끼게 하는 공간이다. 1층에는 카페가, 옥상에는 테라스가 마련되어 있어 휴식 공간으로도 활용하기 좋다. 바로 근처에 박정희대통령 생가, 새마을운동 테마공원이 자리하고 있어 함께 둘러보면 좋겠다.

Ⓐ 경북 구미시 박정희로 123
Ⓣ 054-480-4940 Ⓗ 09:00-18:00 월요일 휴무
Ⓤ http://www.parkchungheepresidentialmuseum.or.kr
Ⓜ Map → 2-★19

`금오산권`

박정희대통령 생가

박정희대통령은 1917년 이곳 상모동에서 태어났다. 15평 규모의 작은 초가집이었다. 이곳에서 1937년대 구사범학교를 졸업할 때까지 살았던 생가는 안채와 사랑채로 구성되어 원래는 초가였으나 1964년 기와집으로 다시 지었다. 분향소가 마련된 추모관은 1979년에 추가로 지어진 것이다. 원래의 모습을 간직한 초가집도 원형을 복원하여 보존되고 있다. 작지만 박정희대통령의 생애를 둘러볼 수 있는 곳이다.

Ⓐ 경북 구미시 박정희로 107 Ⓣ 054-461-8600 Ⓗ 09:00-18:00
Ⓟ 입장료: 무료 월요일 휴무 Ⓜ Map → 2-★18

> **Plus. 보릿고개 체험장**
> 박정희대통령 생가 바로 옆에 보릿고개 체험장이 있다. 보릿고개는 저장해둔 곡식으로 겨울을 버틴 후, 봄은 찾아왔지만 곡식이 여물지 않아 풀뿌리로 연명하던 5~6월의 배고픔의 시기를 가리킨다. 보릿고개 체험장에서 보리감주, 막걸리, 옥수수 등을 판매하고 있어 재미있는 체험을 할 수 있다.

SILLA BUDDHISM
신라불교의 성지

구미는 신라 불교가 처음 시작된 곳이다. 신라에 불교를 처음으로 전한 고구려의 승려 아도화상(阿道和尙)은 신라의 첫 사찰인 도리사를 창건하고 불교를 전파했다. 수많은 불교 유적이 남아 있는 신라불교의 초전지, 구미의 불교 문화 유적을 찾아 나서보자.

`선산권`

신라불교초전지

구미시 도개면은 '불도가 열리다'라는 의미로, 신라에 불교가 처음으로 전해진 곳이다. 불교를 전파하기 위해 신라에 온 아도화상은 탄압으로 모례가(毛禮家)의 동굴에 3년간 숨어서 불교를 전파했다고 한다. 이곳 신라불교초전지에는 모례가 정 등 당시의 우물 유적을 볼 수 있고, 1600년의 역사를 가진 불교문화를 배우고 체험할 수 있도록 정비되어 있다. 신라불교초전지로 들어서면 한복 체험을 하는 가족들이 고운 한복을 입고 공원처럼 넓은 초전지 주위를 거니는 모습이 눈에 띈다. 안채, 헛간채, 우사, 초정 등 전통가옥이 전시되어 있고 의·식·주·법 4개로 나누어져 탈춤놀이, 팽이, 소원 등의 체험을 즐길 수 있다. 실제로 전통가옥에서 묵을 수 있는 체험가옥도 마련되어 있다. 불교의 사찰음식을 체험할 수 있는 불교문화체험관과, 신라불교의 전반을 전시해 놓은 신라불교초전기념관이 있어 유익한 시간을 보낼 수 있다.

Ⓐ 경북 구미시 도개면 도개다곡길 389-46 Ⓣ 054-480-2140
Ⓗ 09:00-18:00 (11-2월 09:00-17:00) 월요일 휴무
Ⓤ http://www.ginco.or.kr/silla/index.do Ⓜ Map → 4-★9

Plus. 전 모례가 정(傳毛禮家井)

신라불교초전지 내부, 신라 최초의 불교신자 모례의 집에 있었다고 전해지는 신라시대의 우물이다. 우물은 깊이 3m로 밑바닥은 두꺼운 나무판자를 깔았는데 아직도 썩지 않았다고 한다.

Plus. 신라불교초전기념관

아도화상이 처음 신라로 향한 시점에서부터 신라가 불교의 꽃을 피우기까지의 과정을 알기 쉽게 스토리텔링으로 설명해 주는 기념관이다. 아도화상이 불교뿐만 아니라 향 문화도 전한 인물이라는 부분이 인상적이다.

선산권

도리사(桃李寺)

구미 해평면의 도리사는 418년(신라 제19대 눌지왕 2년)에 지어진 신라 최초의 사찰이다. 불교가 없던 신라에 고구려의 승려 아도화상이 불교를 포교하기 위해 세웠다. 겨울임에도 불구하고 복숭아꽃과 오얏꽃이 핀 것을 보고 이 장소에 절을 지을 것을 결심하고 꽃 이름을 따서 도리사로 지었다고 한다. 해발 691m의 높은 곳에 위치하고 있어 일주문을 지나 꽤나 깊이 들어와야 도리사 경내로 진입할 수 있다. 가장 먼저 웅장한 태조선원이 자태를 드러내는데, 야은 길재 선생이 10살 때 학문을 닦은 곳이다. 아도화상은 불교와 함께 향을 전했는데 이곳 아도화상전에서 향을 피우면 아픈 곳이 낫는다고 한다. 문화재 목조아미타여래좌상이 있는 극락전은 건립 연대를 알 수 없으나 확장, 보수만 거쳤을 뿐 본래의 형태를 유지하고 있는 중요한 건축물이다. 앞뜰에는 보물 제470호 도리사 석탑도 보인다. 이 외에도 석가모니의 진신사리를 모신 적멸보궁 등 도리사에는 신라불교와 관련된 문화재 자료들이 다수 보관되어 있다.

Ⓐ 경북 구미시 해평면 도리사로 526　Ⓣ 054-474-3737
Ⓤ http://www.dorisa.or.kr　Ⓜ Map → 4-★13

선산권

대둔사

대둔사는 446년(신라 눌지왕 30)년에 아도화상이 지었으나 몽골의 침략으로 불타고, 충렬왕 때 다시 지어졌으며, 1606년(조선 선조 39)에 사명대사 유정이 다시 크게 지어 승군(僧軍)을 대중전에 머물게 한 호국사찰이다. 대웅전 정면 가운데 꽃살 여닫이문에서 당시의 창호 양식이 잘 드러나며 소박해 보이지만 대웅전을 비롯하여 건칠 아미타여래좌상, 삼장보살도가 보물로 지정되어 있다.

Ⓐ 경북 구미시 옥성면 산촌옥관로 691-78　Ⓜ Map → 4-★4

선산권

구미 죽장리 오층석탑

선산읍의 옛 죽장사 터에 위치한 구미죽장리 오층석탑은 높이가 10m에 달하는 우리나라에서 가장 높은 오층 석탑이다. 지금은 죽장사는 사라졌지만 주변에서 발견된 주춧돌과 기와조각에서 이곳이 죽장사 절터였음을 짐작게 한다. 100여 개가 넘는 돌을 쌓아 지어졌으며 석탑의 남쪽면에 불상을 모시는 감실을 두었다. 지금은 서황사라는 다른 이름의 절이 세워져 있으며 절의 규모가 크지 않아 석탑의 웅장함이 더 크게 느껴진다. 대웅전을 배경으로 하는 구미죽장리오층석탑의 풍경이 매우 아름답다. 1968년 국보로 지정되었다.

Ⓐ 경북 구미시 선산읍 죽장2길 90　Ⓜ Map → 4-★5

Plus. 라움카페
절 입구 왼편에 카페가 있다. 이곳에서 고즈넉한 절 풍경을 바라보며 잠시 여유를 만끽해 보는 것은 어떨까.

선산권

구미 낙산리 삼층석탑

낙산리 삼층석탑은 신라 최초의 사찰인 도리사와 가까이 위치하고 있다. 아래쪽에 2단의 기단을 설치하고 그 위로 3단의 돌탑을 쌓아 올린 통일신라시대의 석탑양식을 갖추고 있다. 죽장리오층석탑과 마찬가지로 부처님을 모시는 감실이 위치하고 있으며 완전지는 않지만 비교적 온전한 상태를 유지하고 있으며 탑의 짜임새로 보아 통일신라시대 전기에 건립된 것으로 추정된다. 죽장리 오층석탑과 함께 1968년 국보로 지정되었다.

Ⓐ 경상북도 구미시 해평면 낙산리 837-4번지　Ⓜ Map → 4-★12

EAT UP

시장의 독특한 무침족발에서부터 금리단길의 개성 강한 이탈리안까지.
구미의 음식은 평범함을 거부한다. 다양한 입맛이 모여 어디에도 없는
이색적인 맛이 완성되었다. 구미의 맛과 멋을 즐겨보자.

01
VINTAGE HANOK CAFE
한없이 고즈넉한 고택 카페

02
EXOTIC CAFE
이색적인 공간, 카페

03
LOCAL RECOMMENDATION
로컬이 추천하는 맛집

04
COCKTAIL & WINE BAR
구미의 아주 특별한 밤

VINTAGE HANOK CAFE
한없이 고즈넉한 고택 카페

도시의 소음에서 잠시 벗어나 일상의 번잡스러움도 잊고 한옥이 주는 고요함 속에 잠시 머물러 보자. 그리 멀리 떠나지 않아도 좋다.

1 너와숲

'DO NOT DISTURB'라는 큰 글씨가 너무 눈에 띄어서 이토록 아름다운 한옥에 영어가 어울리는 것인가 의문이 들었지만, 너와숲 오너의 취지를 알고 나니 납득이 간다. 외부의 소란스러움으로부터 방해받지 않고 바쁜 일상에서 벗어나 자연과 계절, 그 안에서 한옥의 정취를 마음껏 느끼고 가기를 바란다는 메시지가 인상적이다. 칠암재라고 하는 본래의 이름을 가지고 있으며 해발 374m의 접성산 아래에 위치하고 있어 다양한 풀과 나무, 꽃들로 인해 계절을 마음껏 누릴 수 있는 곳이다. 저녁에는 대나무 숲 산책로에 아름다운 빛의 향연이 펼쳐지고, 야외테라스는 한옥과는 대비되는 이국적인 풍경을 자아낸다. 단둘이서 오롯이 한옥의 운치를 느낄 수 있는 독채도 마련되어 있다.

Ⓐ 경북 구미시 고아읍 들성로 171-34 너와숲
Ⓣ 010-2221-5882　Ⓗ 매일 11:00-23:00, 월요일 휴무
Ⓟ 흑임자라떼 6,500원　Ⓘ @you__forest0509　Ⓜ Map → 4-C1

☕2 카페화담

카페화담은 대한민국 초대 외무부 장관이자 3대 국무총리를 지낸 장택상의 생가를 카페로 개조한 곳이다. 주차장 정원조차 정성스레 잘 가꿔져 있어 안채가 더 궁금해진다. 밖에서는 그리 넓지 않게 보이지만 안으로 들어서면 정원을 빙 둘러 총 3채의 한옥이 나타난다. 한옥을 따라 뒤돌아가면 테라스석이 넉넉하게 갖춰져 있어 자리 걱정은 하지 않아도 될 듯하다. '정답게 주고받는 말, 화담' 이라는 글귀가 눈에 들어온다. 내부는 거의 손을 데지 않아 과거의 형태를 그대로 유지하고 있어 한옥의 운치가 고스란히 느껴진다. 창 너머 밖을 바라보니 한 폭의 그림과 같은 풍경이다. 해 질 무렵 찾아와 한옥의 야경을 즐겨도 좋겠다.

Ⓐ 경북 구미시 지주중류4길 15-14 1층 Ⓣ 0507-1315-9547 Ⓗ 매일 11:00-20:00, 월요일 휴무 Ⓘ @hwadam_cafe Ⓟ 아메리카노 5,000 Ⓜ Map → 2-C7

☕3 백운옥

구평동에 위치한 백운옥은 두 가지의 감성을 느껴볼 수 있는 카페이다. 먼저 본관은 심플한 디자인의 가구와 깔끔한 우드톤 인테리어로 세련된 감각이 돋보이는 카페이다. 2층에 로스팅 시설도 갖추어 직접 원두를 볶아서 제공한다. 한옥 카페는 별관 형태로 이어져 있다. 심플한 디자인 가구와 한옥이 어우러져 있으며 무엇보다 햇살이 가득해 한옥의 여유로운 정취가 느껴진다. 식품첨가제와 방부제를 일절 사용하지 않고 모든 디저트는 직접 생산한다. 두 곳의 카페 분위기를 느낄 수 있는 곳이다.

Ⓐ 경북 구미시 고아읍 들성로 171-34 너와숲
Ⓣ 010-2221-5882 Ⓗ 매일 11:00-23:00, 월요일 휴무
Ⓟ 흑임자라떼 6,500원 Ⓘ @you__forest0509 Ⓜ Map → 3-C2

☕4 쌍암고택(雙巖古宅)

유독 평화로운 마을 해평면에 고즈넉한 고택 카페가 있다. 마을 입구에 수령 300년은 족히 넘어 보이는 아름드리 느티나무가 마을을 지키고 서 있다. 쌍암고택은 1755년에 건립된 전형적인 조선시대 양반 가옥이다. 두 개의 큰 바위가 있었다 하여 이름 지어졌다. 지금은 대를 이어 자손들이 집을 가꾸며 실제로 거주하고 있어 살림살이가 그대로 보인다. 이곳은 그 옛날 한양으로 가는 길목에 위치하고 있어 사랑방은 손님들이 머물던 공간이었다고 한다. 현재 자손들이 가문의 어르신의 뜻을 이어받아 손님을 맞이하는 공간으로 활용하고 있다. 사랑채로 오르는 주춧돌 옆에는 '갑오동학농민군집결지'라고 쓴 표석이 세워져 있다. 1894년 동학농민운동으로 집주인이 합천으로 이주해 있을 때 이 집은 일본군이 병참기지로 활용하여 어찌 보면 양반과 농민의 대립을 상징하는 장소로 보일 수 있지만, 오늘날 자손들은 이곳의 의미를 알리는 표석을 세우는데 동의하였다고 한다. 사랑채에 앉아 창문 너머로 보이는 마을의 풍경이 아름답다. 수백 년 전 서울로 가던 나그네가 이 곳에서 잠시나마 쉬어 가고 지금의 우리도 이곳에서 목을 축이는 것이 그때와 다르지 않고 300년 전의 나그네와 같은 풍경을 본다고 생각하니 새삼 유서깊은 공간이라 느껴진다. 이곳을 잘 보존하는 자손들의 노고가 크게 다가온다. 쌍암고택의 맞은 편에 북애고택과 마주하고 있는데 두 곳은 형제간의 집이다. 2인 이상, 네이버 예약을 통해서만 입장이 가능하고 인원에 맞추어 웰컴 드링크와 다과가 세트로 제공된다.

Ⓐ 경북 구미시 해평면 해평2길 40 Ⓣ 0507-1329-3720 Ⓗ 매일 10:00-22:00
Ⓟ 13,000원 Ⓜ Map → 4-★20

EXOTIC CAFE
이색적인 공간, 카페

카페는 취향의 선택이다. 카페마다 저마다의 특색을 채워 공간을 꾸미고 우리는 그 공간에 대한 가치를 인정하고 대가를 지불하고 즐긴다. 구미에서 만난 취향저격 카페를 소개한다.

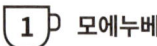 **모에누베이커리**

넓은 야외공간과 야외 풀이라는 배경만으로도 인기지만, 모에누의 강점은 본연의 커피 맛에 있다. 블루밍 기능을 탑재한 머신을 사용하고 있는데 이는 저압으로 총 2회에 걸친 프리인퓨전을 거치는 과정으로 밥을 지을 때 뜸을 들이는 것과 같은 기능이라고 한다. 그리고 또 다른 차이점은 물의 온도, 즉 5~10도 정도 낮은 온도의 물을 사용한다고 한다. 그래야 원두의 본연의 맛을 느낄 수 있다고. 넓은 야외 잔디 가득하게 테이블을 채울 수도 있으련만, 그렇게 하지 않는 것이 놀랍다. 기분 좋은 휴식, 맛있는 커피, 달콤한 베이커리. 이보다 더 좋을 수 있을까.

Ⓐ 경북 구미시 고아읍 봉한3길 4　Ⓣ 0507-1313-1126
Ⓗ 매일 10:00-22:00　Ⓘ @moenu__　Ⓟ 카페라떼 5,800원　Map → 4-C2

2 피크파크피크

피크파크피크는 휴양지로 여행을 온 기분이다. 정성스레 가꾼 정원은 소개말처럼 공원처럼 도시의 휴식처로 지내기에 안성맞춤. 야외나, 옥상 어디서 보든 경치가 그만이며, 붉은 색으로 포인트를 준 루프탑은 청량감이 넘쳐 인스타용 사진을 찍기에 제격이다. 프렌치토스트 등 브런치 메뉴뿐만 아니라 베이커리 종류도 다양해 커피와 즐기기에 좋다. 아이들과 함께 오면 계절마다 피어나는 꽃과 나무, 산과 들을 배경으로 피크닉을 즐기듯 시간을 보낼 수 있을 것 같다. 다 함께 피크파크피크!

ⓐ 경북 구미시 옥계2공단로 558-8 ⓣ 0507-1430-1990 ⓗ 매일 10:00-22:00
ⓘ @peakparkpeak ⓟ 카페라떼 5,500원 ⓜ Map → 4-C4

3 카페둑

카페둑은 낙동강체육공원 뷰가 아름다운 전망 좋은 카페이다. 낙동강체육공원을 이용하거나 근처의 식당을 이용하는 사람들로 연일 사람이 북적인다. 직접 갈아 신선하고 건강한 착즙 주스가 인기이고 크로아상, 소금빵, 스콘 등 베이커리도 인기. 공원과 인접하다고 있어 다소 소란스럽지만, 시원한 뷰와 맛있는 베이커리로 사람이 끓이지 않는다. 테라스 석은 시원한 강바람을 맞으며휴식하기 좋고 노을 맛집으로도 유명하다.

ⓐ 경북 구미시 지산양호12길 19-18 3층 ⓣ 010-7731-6161 ⓗ 매일 10:00-21:00
ⓘ @cafedook_official ⓟ 둑시그니처라떼 6,500원 ⓜ Map → 2-C8

4 위드윅스

마치 갤러리로 들어서는 기분이다. 어느 곳 하나 과한 곳이 없으며 절제된 공간의 아름다움이 있는 곳 위드윅스. 필터커피 전문점으로 갤러리를 기반으로 한 공간으로 화강암을 활용한 인테리어가 눈에 띄는 데 이곳 메뉴인 스톤라떼가 화강암을 표현하고 있다. 연유베이스로 달달한 수제 홍차 크림이 가미되어 있다. 커피를 주문했다면 카페의 구석구석을 돌아보는 것도 좋겠다. 따뜻한 햇살을 가득 느낄 수 있는 야외 테라스 석도 추천이다. 전체적으로 톤 다운된 분위기이지만 시그니처 컬러인 민트색이 곳곳에서 활기를 불어넣는다. 매일 아침 구워내는 베이커리도 인기.

ⓐ 경남 구미시 산동읍 신당1로 50 ⓣ 0507-1354-8247
ⓗ 매일 10:00-22:00 ⓟ 필터커피 5,500원
ⓘ @with_weeks ⓜ Map → 3-C5

5 민다방

숲 속의 동화와 같이 아기자기한 카페 민다방. 인스타 감성 포토존이 가득한 공간이다. 입구를 지나면 파스텔 컬러로 꾸며진 다양한 조형물이 설치된 정원을 만나게 된다. 커다란 초록 대문을 열고 내부로 들어서면 백설공주의 방으로 들어온 듯 동화 속 이야기를 들려주는 소품들로 가득하다. 야외에도 별도의 독채 공간을 이용할 수 있도록 설계되어 있는데, 특히 일곱 난장이의 집이 연상되는 작은 핑크색 통나무 집은 아늑한 시간을 보내기에 그만이다. 브런치 메뉴와 직접 구운 다양한 케익들도 맛볼 수 있다.

ⓐ 경북 구미시 오태1길 46 ⓣ 010-8717-4745 ⓗ 매일 11:00-21:30, 월요일 휴무
ⓘ @min_da_bang ⓟ 아메리카노 5,000원 ⓜ Map → 2-C9

6 카페360

한적한 도개면 농가에 우뚝 솟은 전망대, 카페360은 이 전망대에 위치하고 있다. 360도 파노라마 뷰를 즐길 수 있는 카페이다. 주변이 조용하고 낙동강을 바라보며 차를 마실 수 있어 한적하게 시간을 보낼 수 있는 곳이다. 햇살이 좋은 날이면 통창으로 환한 빛이 가득 쏟아지고, 비가 오는 날이면 오롯이 비와 마주할 수 있다. 주변에 높은 건물이 없어 시야가 탁 트여 기분도 상쾌하다.

Ⓐ 경북 구미시 도개면 궁기1길 16-10
Ⓗ 매일 11:00-일몰 후 30분까지 Ⓟ 아메리카노 3,500원
Ⓜ Map → 4-C5

8 브라운핸즈 구미점

다른 지점에서도 독특한 콘셉트의 공간 재활용으로 화제를 모은 바 있는 브라운핸즈가 구미에서는 '폐공장의 재활용'이라는 주제를 가지고 쓰임을 다한 ㈜삼풍전자 폐공장을 재탄생시켰다. 한강의 기적이라는 산업화의 근간을 이룩한 도시이지만 시대의 변화는 어쩔 도리가 없지 않은가. 브라운핸즈만의 독특한 감성을 살린 브라운핸즈 구미점의 구체적인 콘셉트는 '갤러리'이다. 시원스러운 공간감이 매력적이다. 2023년 5월에 새롭게 오픈한 브라운핸즈 구미점은 작가들의 작업실과 갤러리가 함께 운영되고 있으며, 커피를 마시며 다양한 전시도 감상할 수 있는 복합예술 공간으로 자리 잡아갈 계획이다.

Ⓐ 경북 구미시 3공단3로 41 Ⓣ 054-472-8616
Ⓗ 10:00-22:00 Ⓟ 아메리카노 5,500원 Ⓜ Map → 3-★C1

7 스윗세븐어클락

부모님께서 직접 운영하시는 청과시장에서 신선한 과일을 가져와 착즙하여 판매하는 스윗세븐어클락은 그래서인지 유독 과일주스를 주문하는 사람이 많다. 이곳에서 착즙한 생과일주스를 마실 수도 있지만 제철 과일이나 수입과일을 미리 주문하면 카페에 와서 가져갈 수 있다. 과일가게이기도 하고 카페이기도 한 셈이다. 커피를 에스프레소로 추출하고 남는 커피 찌꺼기 커피퍽으로 만든 빨대를 사용하고 있다. 자연친화적이자 이색적인 곳이다. 착즙주스와 함께 프리미엄 말차 세 종류를 블렌딩한 찐말차라떼도 인기다.

Ⓐ 경북 구미시 야은로45길 9 스윗세븐어클락 Ⓟ 0507-1320-2816
Ⓗ 매일 11:00-22:00(주말 12:00-22:00, 목요일 휴무
Ⓘ @studio.ari Ⓜ Map → 2-C10

9 파네룬

공항 근처에만 가도 심장이 두근거리는 기분을 느끼고 싶다면, 그 설렘을 안겨줄 이색 카페 파네룬을 추천한다. 공항 게이트를 연상시키는 입구를 통과하면 탁 트인 실내 공간의 큰 창 너머로 야외 풍경이 그대로 들어온다. 이곳저곳 공항의 이정표가 표시되어 있어 공항 라운지에 앉아 있는 기분이다. 액자 속에는 항공기가 이륙을 준비하고 있다. 공항 창밖 풍경처럼 사실적이다. 가지런한 캐리어들도 나란히 보딩을 준비하고 있다. 모든 비행일정이 취소 혹은 딜레이로 표시된 전광판을 보니 웃음이 지어진다. 콘셉트가 너무 리얼하게 재현되어 있어 흥미진진하다.

Ⓐ 경북 구미시 야은로7길 47 1층, 2층 Ⓗ 매일 11:00-20:30
Ⓟ 아메리카노 5,000원 Ⓜ Map → 2-C11

Gallery Cafe

1. 카페미술관

카페미술관은 카페를 넘어 본격적인 갤러리라고 할 수 있는 곳이다. 상시 특색있는 이색 전시가 이루어지고 있으며 강렬한 색상의 신발 조형물이 먼저 시선을 집중시키는데 마치 조형미술관으로 들어서는 기분이다. 카페 공간과 별도로 작은 전시관이 있어 작품을 감상할 수 있고 특이한 점은 드로잉 공간이 따로 마련되어 있다는 점. 네이버로 드로잉 이용권을 예약하면 이용이 가능하다.

Ⓐ 경북 구미시 인동50길 15 Ⓣ 054-473-2020
Ⓗ 매일 10:00-23:00 Ⓟ 카페라떼 5,000원 Ⓜ Map → 3-C3

2. 커피팀버 구미역점

명화를 감상하는 카페, 커피팀버 구미역점은 지금도 한창 전시가 진행 중이다. 지난 2022년 말부터 진행된 명화 레플리카전 EP.1은 '자신을 사랑한 화가, 빈센트 반 고흐전'이 열려 그의 작품세계를 새로운 방식으로 접근하고 있다. 이후에는 '클로드 모네와 인상파展'과 에릭요한슨展이 개최되는 등 가까운 곳에서 명화를 감상할 수 있는 귀한 시간이 제공되고 있다. 도슨트 시간이 갖춰져 있으니 시간에 맞춰 가면 훨씬 더 즐겁게 감상할 수 있다. 식사와 차, 베이커리도 다양하게 판매된다.

Ⓐ 경북 구미시 역전로 36 Ⓣ 054-454-9555 Ⓗ 매일 10:00-19:00, 월요일 휴무
Ⓘ @hteam__official Ⓜ Map → 2-C5

3. 코튼필드 갤러리카페

전시회와 연주회가 열리는 코튼필드는 1층은 카페로 2층은 갤러리로 꾸며진 곳이다. 카페 곳곳에서 책과 그림을 감상할 수 있고, 푸른 식물들이 가득해 힐링되는 공간이다. 핑크와 그린을 입힌 인테리어는 아이들의 놀이터로도 제격이다. 색칠공부 혹은 책 읽기를 함께 할 수 있도록 마련되어 있어 아이들의 상상력을 자극하고 엄마는 안심하고 편안하게 쉴 수 있는 카페이다. 2층은 정기적으로 다양한 전시가 열린다.

Ⓐ 경북 구미시 선기로3길 31 코튼필드
Ⓣ 010-4755-2762 Ⓗ 매일 10:00-20:00 (일요일 11:00-20:00)
Ⓟ 티라미슈 라떼 5,500원 Ⓘ @cotton.2019 Ⓜ Map → 2-C6

LOCAL RECOMMENDATION
로컬이 추천하는 맛집

시장 근처의 식당, 등산로의 작은 밥집. 리뷰만으로는 가늠할 수 없는, 그 지역에 사는 사람만이 알 수 있는 제대로 된 구미 로컬 맛집을 소개한다.

① 복터진집

구미에 본점을 두고 경북을 중심으로 전개되고 있는 복국 전문점이다. 30년 이상 꾸준한 사랑으로 명맥을 유지하는 가게에게 주어지는 백년가게 인증을 받고 있다. 인동에 위치한 본점은 2020년에 새 단장하여 깔끔하고 세심하게 신경 써 주는 것이 인상적이다. 복터진집의 특징은 콩나물에 있다. 주로 찜에 사용하는 굵은 콩나물을 사용하는데, 처음에는 복어와 함께 끓이다가 충분히 다시 우려나면 건져내서 고춧가루, 마늘, 참기름, 깨를 넣고 주방에서 따로 무쳐서 내어준다. 반찬이 깔끔하고 푸짐해서 든든하게 영양 가득한 한 끼를 해결할 수 있는 곳이다.

② 싱글벙글복어

구미역 근처에 위치한 싱글벙글복어는 새마을시장이 가까운 곳에 있어서인지 입구에서부터 로컬 분위기가 가득하다. 이곳은 1970년에 오픈하여 50년 이상 오로지 복어 단일 메뉴로 장사를 하고 있다. 세련된 분위기는 아니지만 김치나 반찬들은 맛도 차림도 깔끔하다. 참기름 고춧가루 양념장을 큰 접시에 따로 내어주는데 알고 보니 콩나물이 다 익으면 이 양념장에 비벼 주신다. 강한 마늘향에 버무려진 콩나물이 입맛을 돋운다. 이렇게 콩나물을 양념장에 버무려 먹는 것이 구미 방식이라고 한다. 따뜻한 국물 요리가 생각날 때는 시원하고 담백한 복국 만한 것이 없다.

③ 낭만쭈꾸미

구미에는 유독 쭈꾸미 전문점이 많다. 구미를 여행하다 보면 한 번쯤 '낭만연구소'라는 간판을 보게 될 것이다. 2009년 낭만다방으로 시작해 낭만쭈꾸미, 낭만주막, 낭만꿀떡지 등 차곡차곡 브랜드를 쌓아가고 있는 로컬 기업이다. 70~80년대의 아날로그 감성의 컨셉으로 국내 최초로 맵기 단계를 0~10단계까지 조절해서 주문하는 방식을 고안해 냈다. 원평동에 위치한 본점은 총 5층 건물로 루프탑은 구미를 전망할 수 있는 전망대, 4층은 스몰 웨딩을 진행할 수 있는 공간이 자리하고 있다. 소비패턴의 변화에 따라 쭈라이브스루(드라이브스루)도 운영하고 있으며 식사 후 카페를 무료로 이용할 수 있고 루프탑에서 보는 야경이 아름답기로 유명하다.

Ⓐ 경북 구미시 인동북길 67 Ⓣ 054-471-5101
Ⓗ 매일 10:00-24:00 Ⓟ 복지리/매운탕 15,000원
Ⓜ Map → 3-R1

Ⓐ 경남 구미시 역전로10 Ⓣ 054-456-4515 Ⓗ 매일 04:00-21:00 Ⓟ 밀복지리/매운탕 14,000원
Ⓤ @sgbgbok.gumi Ⓜ Map → 2-R7

Ⓐ 경북 구미시 산업로 193-84 낭만연구소 Ⓣ 054-441-5248 Ⓗ 매일 11:00-22:00 Ⓟ 쭈꾸미볶음 17,000원 Ⓤ @nangmanlab Ⓜ Map → 2-R11

Plus. 구미백숙골목

등산으로 허기가 졌다면 백숙으로 영양을 채울 차례다. 금오산 입구에 구미백숙골목이 자리하고 있다. 대부분의 백숙집에서 20가지 이상의 약재를 넣어 오랜 시간 끓여 내므로 영양을 채우기에는 이보다 더 좋을 수 없다. 구미백숙골목에는 이외에도 파전과 막걸리집, 분위기 있는 카페도 자리하고 있으니 금오산 여행의 식사와 휴식을 이곳에서 해결하는 것도 좋겠다.

Ⓐ 경남 구미시 남통동 Ⓜ Map → 2-★R1

④ 신사랑방

금리단길을 지나 금오산으로 올라가는 길목에 신사랑방이 있다. 이곳의 특이한 메뉴가 있는데 북어물찜이다. 살짝 구운 북어에 달콤매콤한 양념을 더해 다시 국물에 푹 끓여 먹는 방식이다. 찜이라기보다는 찌개에 가깝다. 북어 육수까지 우러나 칼칼하면서도 시원하다. 최근 '식객 허영만의 백반기행'에도 소개되었다고. 북어물찜외에도 사태찌개, 청국장, 북어국 등 식사메뉴가 잘 갖춰져 있다. 정갈하면서도 소박한 집밥 같은 반찬이 맛있어서 메인 요리가 나오지 않아도 밥 한 그릇 뚝딱이다. 전체적으로 과하지 않는 소박한 차림이 좋다.

⑤ 콩밭애

해물순두부, 황태순두부, 백순두부, 수제두부돈까스 등 원평동 금리단길에 위치한 콩밭애는 메뉴에서도 알 수 있듯이 순두부 전문점이다. 매일 아침 품질 좋은 국산콩으로 정성껏 만들어내는 요리는 깔끔하면서도 순두부 자체를 즐기기에 더할 나위없이 좋다. 묵밥, 묵무침 요리도 눈에 들어온다. 가격이 저렴한 해물파전도 푸짐하다. 여러 메뉴를 시켜도 부담스럽지 않고 막걸리와 함께 술안주로도 그만이다. 구미에서 최고의 영양식을 콩밭애에서 맛보게 된다.

⑥ 원조도개다곡묵고을

고아읍 시골 농지 주변에 붉은 색 벽돌로 잘 지어진 정원이 아름다운 묵밥집이 있다. 현지인이 추천하는 맛집으로 유명한 원조도개다곡묵고을이다. 묵밥이라는 음식을 고향집의 추억과도 같은 맛으로 기억하는 사람들에게 시골 풍경이 가득한 이곳이야말로 고향집 같은 아늑함을 제대로 느낄 수 있는 곳이다. 더운 여름날 살얼음 동동 띄어진 묵밥이야말로 한여름의 별미이다. 이곳은 먼저 묵에 육수를 붓고 보리밥 조금과 열무김치를 넣어서 먹도록 추천하고 있다. 남은 보리밥은 고추장에 슥슥 비벼서 먹었다면 제대로 맛보는 것이다. 네비게이션 검색은 꼭 '원조도개다곡묵고을'로!

Ⓐ 경북 구미시 금오산로 140 Ⓣ 054-456-3326
Ⓗ 매일 10:30-21:00, 1, 3번째 월요일 휴무
Ⓟ 북어물찜 11,000원(2인 이상) Ⓜ Map → 2-R1

Ⓐ 경북 구미시 금오산로 128 Ⓣ 054-451-2989
Ⓗ 매일 10:30-21:00, 일요일 휴무
Ⓟ 해물순두부 9,000원 Ⓜ Map → 2-R3

Ⓐ 경북 구미시 고아읍 운대로163 Ⓣ 054-457-5500
Ⓗ 매일 09:30-21:00, 월요일 휴무 Ⓤ mukgoeul.modoo.at
Ⓟ 도토리묵밥 7,000원 Ⓜ Map → 4-R1

COCKTAIL & WINE BAR : 구미의 아주 특별한 밤

1. 인더그루브 In the GROOVE

금리단길의 늦은 오후 짙은 재즈가 흐르는 곳, 구미 유일의 재즈 라이브 바, 인더그루브이다. 평범한 외관이지만 들어서면 짙고 묵직한 바(Bar) 풍경이 드러난다. 매주 금, 토요일은 이곳 인더그루브에서 수준 높은 라이브 공연이 펼쳐진다. 공연과 함께 제대로 된 칵테일과 와인, 맥주, 하이볼 등 300여 가지의 주류와 간단한 논알코올 음료를 즐길 수 있다. 공연 맛집으로 소문이 자자해 주말 라이브 공연을 관람하고자 한다면 미리 예약하는 것이 요금도 저렴하고 좌석 확보에도 안심할 수 있다. 예약과 공연정보는 인스타그램 참고. 공연이 없는 평일 저녁에도 조용하게 한잔하기 좋은 곳이다.

DATA
- Ⓐ 경북 구미시 원남로 80 1층 Ⓣ 010-3579-7301
- Ⓗ 매일 18:00-04:00 Ⓘ @club_inthegroove_official
- Ⓟ 깔루아밀크 10,000원, 공연 20,000원(예매시 15,000원) Ⓜ Map → 2-B1

Cocktail & Wine Bar :
구미의 아주 특별한 밤

여행으로 지친 밤을 마무리하기 좋은 곳을 추천한다. 구미의 직장인이 추천하는 분위기 좋고 글루브 타기 딱인 바(Bar)를 소개한다.

② 왬리 whamly

구미역 후면 광장을 지나 직진하다 보면 세련된 외관, 유리창 너머로 보이는 바(Bar) 분위기에 시선이 머무는 곳이 있다. LP 음악이 흐르는 와인바, 왬리(whamly)이다. 문을 열고 들어서면 한쪽 벽면을 가득 장식하고 있는 LP판이 먼저 눈에 들어온다. 왬리는 우리가 쉽게 접할 수 없는 희귀 맥주를 맛볼 수 있으며, 와인과 위스키, 칵테일과 하이볼 등 다양한 주류와 묵직하지만 가볍지 않은 캐주얼함이 존재하는 곳이다. 뼈등심스테이크, 바질크림스튜 등 식사를 대신할 수 있는 안주가 있어 인기의 이유이기도 하다. 보기에도 먹음직스러운 안주가 맛이 일품이다. 식사를 목적으로 와도 부족함이 없어 술을 즐기지 않는 사람에게도 추천하고 싶은 곳이다.

DATA

- Ⓐ 경북 구미시 금오산로22길 34 1층 왬리 Ⓣ 010-3157-2529
- Ⓗ 매일 17:00-02:00, 수 휴무
- Ⓟ 그레이트 리턴 IPA 11,000원 Ⓜ Map → 2-B2

LIFESTYLE & SHOPPING

여행지에서 꼭 사 오는 것이 있다. 그곳을 기념할 사진엽서, 식상하지만 마그넷, 캐리어에 붙일 스티커 같은 것들. 살 때는 이게 필요할까, 예쁜 쓰레기가 되지 않을까 싶지만 막상 냉장고에 붙은 엽서나 마그넷을 보면서 여행을 추억하기도 한다. 우리는 작지만 소중한 것들로 여행을 기억한다.

01

LIFESTYLE SHOP
이야기가 있는 가게

02

SHOPPING
구미의 로컬 시장
구미 특산품

Lifestyle Shop

이야기가 있는 가게

구미에 대한 기존의 이미지를 뒤엎어 버리게 한 대형 로컬 서점, 금리단길의 작고 소중한 독립서점, 골목에서 보물처럼 발견한 소품가게. 구미를 추억할 라이프스타일 숍을 소개한다.

삼일문고

구미에 왔다면 꼭 들러야 할 곳이 있다. 바로 사람과 책을 잇는 로컬 서점 삼일문고다. 여행에서 서점이야말로 색다른 여행의 정점, 특히 오래된 로컬 서점이 있다면 그건 반드시 탐험해야 할 장소가 아닐까. 구미에 이 정도 규모의 로컬 서점이 있다는 것이 놀랍다. 누구나 필사를 할 수 있도록 필사 전용 책과 공간이 마련되어 있으며, 어떤 책을 읽을지 고민이 된다면 종이약국 포스터에 문의하면 종이약을 처방해 준다. 물론 종이약은 책을 의미한다. 하루 종일 서점에 있고 싶은 사람, 책을 진심으로 사랑하는 사람에 대한 배려에 재미와 센스가 넘친다. 지하부터 2층까지 다양한 주제의 책들이 마련되어 있고 톡톡 튀는 테마로 책을 추천한다. 강연, 전시, 공연 등 다양한 프로그램도 활발하게 진행되고 있다.

Ⓐ 경북 구미시 금오시장로 6　Ⓣ 054-453-0031
Ⓗ 매일 10:00-21:30 (주말은 10:30부터)
Ⓤ www.samilbooks.kr　@samilbooks　Ⓜ Map → 2-S6

> **Plus. 북카페 바블리오**
> 삼일문고에는 서점 안에 조용히 자리잡은 북카페 파블리오가 있다. 책과 함께 커피를 마실 수 있는 공간이 있다는 것은 사람과 책을 잇는 가장 향기로운 방법이 아닐까.

책봄

"긴 하루 끝에 좋은 책이 기다리고 있다는 것만으로 그날은 더 행복해진다" 금리단길 독립서점 책봄의 입구 창에 크게 쓰여진 문구이다. 책을 읽는 즐거움보다 손쉽게 접할 수 있는 매체의 정보를 더 갈구하는 현대인에게 커다란 메시지를 전하는 문구이다. 책봄은 '환경을 보호하고 동물을 사랑하는 작은 책방'이라는 캐치프레이즈를 가지고 환경에 대한 다양한 서적을 다루고 있다. 정기적으로 독서모임을 모집하고 필사모임도 함께 진행한다. 운이 좋으면 사람을 좋아하는 '똥사원'을 만날 수 있다.

Ⓐ 경북 구미시 금오산로22길 24-1　Ⓣ 0507-1420-9009
Ⓗ 매일 13:00-20:00(수요일 14:00-18:00)　@bookspring　Ⓜ Map → 2-S2

그림책산책

금리단길을 그림으로 수놓은 독립책방, 그림책산책은 금리단길의 골목길에 위치하고 있다. 아기자기하고 알록달록한 소품들과 나무 향기가 가득한 책장, 그 속에 자리잡은 색색의 그림책들. 보는 것만으로도 눈이 편안해지는 공간이다. 조금은 어수선한 듯, 툭 던져 저 있는 책들도 그림책산책만의 독특한 감성을 표현하고 있다. 외부 출강이 많아진 사장님은 최근 책방의 운영시간을 줄였다. 방문 시에는 가장 정확하고 빠른 소식을 전하는 인스타그램을 꼭 확인하길 바란다.

Ⓐ 경북 구미시 원남로10길 19 1층 그림책산책 Ⓣ 0507-1342-6459
Ⓗ 월, 수, 금 11:00-16:00(토요일 14:00-18:00) Ⓘ @walk_picturebook Ⓜ Map → 2-S4

순하다목공

순하다목공은 금리단길에서 나무공방을 운영하는 곳이다. 우드카빙은 원데이클래스로 운영하고 있어 인기다. 우드카빙을 말그대로 목조각을 의미하는데 전문 도구를 사용하여 나무를 깎아 소품을 완성한다. 작은 소품이라고 해서 우습게 보면 큰 코 다친다. 꽤나 힘이 들어가야 완성이 되고 도구도 전문도구를 안전하게 사용하여야 한다. 최근에 자신만의 숟가락, 혹은 접시, 도마를 직접 만들어 사용하는 사람이 늘고 있어 인기다. 가족이나 친구, 연인들이 함께 만들어가는 과정을 지켜보며 추억을 만들어보는 것을 어떨까.

Ⓐ 경북 구미시 금오산로20길 8 1층 Ⓣ 0507-1351-8243
Ⓗ 매일 14:00-22:00(목요일 휴무) Ⓘ @_sun_hada_ Ⓜ Map → 2-S1

유요 도자공방

아이의 비켜간 손놀림 조차도 명작이 되는 곳, 유요 도자공방이다. 세상에 똑같은 것은 단 하나도 존재하지 않는다. 만드는 사람의 손길, 정성에 따라 변화하는 그릇들이다. 각각의 손놀림과 터치로 기상천외한 모양의 완성품이 제작되고, 모두가 작품이 된다. 사람들의 아이디어란 어쩌면 이리도 한계가 없는지. 유요는 도자기 원데이클래스를 진행하고 있다.

Ⓐ 경북 구미시 금오산로22길 36-3 Ⓣ 054-443-9283
Ⓗ 매일 11:00-22:00 Ⓘ @uyo.studio Ⓜ Map → 2-S3

PROFILE

김기중

삼일문고 대표

공단도시라고 생각했던 구미는 의외로
아기자기한 매력이 있는 도시였다.
이러한 변화를 느끼게 한 가장 큰 계기가
바로 삼일문고다.

우선 입구에서부터 한쪽 벽면을 가득 채운
공연 포스터가 이곳에서 뭔가가 끊임없이
일어나고 있다는 것을 말해주고 있었다.
로컬 서점이 이렇게까지 활기찰 일인가.
서점만큼이나 활기 넘치는 사람,
삼일문고 김기중 대표를 만났다.

삼일문고
Ⓐ 경북 구미시 금오시장로 6 Ⓣ 054-453-0031
Ⓤ http://samilbooks.kr Ⓜ Map → 2-S6

구미에서 서점을 운영하게 된 계기가 궁금합니다.
저는 원래 핸드폰 가게를 운영하고 있었습니다. 2014년 그 해에 몇 가지 이슈가 있었는데요, 당시 구미에 서점이 하나 둘 없어지더니 마침내 구미에서 가장 큰 서점이 없어졌습니다. 제게는 공기와도 같은 책을 고를 수 있는 행복이 사라진 것이죠. '이제 저녁을 먹고나서 갈 데가 없구나' 책은 능동적이라 찾아서 읽어야 하는 매체인데 서점이 없으면 이제 사람들은 책을 보지 않을 것이라는 생각이 들면서 괜스레 서점 사장님들이 원망스러웠죠. 그래도 좀 버텨주지… 하지만 생각해 보면 당연한 수순이었습니다. 서점을 운영하는 건물주가 있다면, 어렵게 서점을 운영하는 것보다 임대를 주면 훨씬 더 많이, 편하게 벌 수 있으니까요. 아무튼 2014년에 서점이 없어졌다는 것이 큰 계기였습니다. 그리고 또 그 해에 세월호 사고가 있었습니다. 기성세대가 아이들에게 남겨주어야 할 소중한 무언가를 수몰시키고 있다는 생각이 들었습니다. 이러한 몇 가지 이슈로 인해서 서점이라는 문화공간을 열 것을 다짐하게 되었습니다. 그리고 무엇보다 구미는 저의 고향입니다. 그게 가장 큰 이유죠. 구미가 아니었다면 서점을 절대로 하지 않았을 겁니다.

실제로 오픈하기까지 그 여정이 쉽지는 않았을 것 같습니다.
서점을 하겠다고 결심한 후, 경영을 전공한 제가 손익을 따져보니 이 사업이 앞으로 커질 사업도 아닐뿐더러 돈을 벌기가 너무 힘든 구조였어요. 주변에서도 요즘 누가 서점에서 책을 사냐며 비아냥거리기도 했죠. 정부가 서점이 없어지는 것을 방치하고 있다는 생각까지 들었습니다.

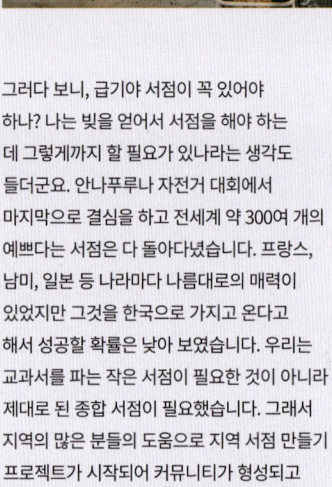

그러다 보니, 급기야 서점이 꼭 있어야 하나? 나는 빚을 얻어서 서점을 해야 하는데 그렇게까지 할 필요가 있나라는 생각도 들더군요. 안나푸르나 자전거 대회에서 마지막으로 결심을 하고 전세계 약 300여 개의 예쁘다는 서점은 다 돌아다녔습니다. 프랑스, 남미, 일본 등 나라마다 나름대로의 매력이 있었지만 그것을 한국으로 가지고 온다고 해서 성공할 확률은 낮아 보였습니다. 우리는 교과서를 파는 작은 서점이 필요한 것이 아니라 제대로 된 종합 서점이 필요했습니다. 그래서 지역의 많은 분들의 도움으로 지역 서점 만들기 프로젝트가 시작되어 커뮤니티가 형성되고 지금과 같은 삼일문고가 완성되었습니다.

자전거에 대한 이야기도 들려주세요.
희귀난치병으로 15년간 투병했습니다. 걷지 못하다 보니 살이 쪄서 자전거를 타기 시작했는데 6개월 후에 살이 빠지는 것뿐만 아니라 병이 완치되었습니다. 세계적으로 유명한 자전거 대회에 참가했고 남미 안데스 산맥, 파타고니아, 칠레, 아르헨티아, 히말라야 안나푸르나, 호주 사막 등 대륙별로 참가해보지 않은 시합이 없을 정도였습니다. 제가 병마와 싸우면서 굶주림이 컸던 것 같아요. 아시아 대륙을 끝낼 즈음 히말라야에서 서점을 해야겠다는 결심도 하게 됩니다. 막상 서점을 시작하고 보니 목숨을 건 자전거 대회보다 서점이 힘들더군요(하하). 이건 전세계 그 어디에도 답이 없잖아요.

● ●
구미보다 더 작은 도시의 동물원에서
로컬의 희망을 보았습니다.

그럼에도 불구하고 로컬 서점이 가능성이 있다고 느꼈던 이유가 무엇인가요?
삿포로의 아사히야마 동물원에서 로컬의 희망을 보았습니다. 아사히야마라고 하는 삿포로에서 2시간 넘게 떨어진 인구 30만의 작은 도시에 동물원이 있었는데 운영이 힘들어 사망선고가 내려집니다. 하지만 결과적으로 지금 그 동물원은 일본에서 가장 유명한 동물원이 되었습니다. 사람들의 노력만으로 돈도 없이 살려낸 것이죠. 한 번은 그 동물원에 직접 찾아갔습니다. 들어서자마자 동물을 사랑하게 만드는 그런 곳이었습니다. 유명하다는 샌디아고의 동물원도 가 보았지만 오히려 동물을 더 사랑하게 만드는 그런 곳이었습니다. 입장료는 1인당 3,000원. 이건 뭐 돈을 벌 생각이 없는 사람들인 거죠. 구미보다 더 작은 도시의 동물원에서 로컬의 희망을 보았습니다.

삼일북스에서 「우리동네, 구미」를 발간하셨는데요, 책을 내다는 것이 쉽지 않은 일입니다만, 어떤 취지로 발간하시게 되셨는지요.
서점을 운영하다 보니 구미에 관한 책이 없다는 것이 늘 아쉬웠습니다. 지역 작가 코너는 있는데 구미를 소개하는 책은 없었습니다. 나이 드신 분과 자전거를 함께 타다 보면 여기 무슨 동은 왜 이런 이름을 가지고 있는지, 이러한 구전되는 이야기가 너무 재밌는데 지금의 어르신들이 돌아가시고 나면 이야기도 사라지겠구나 하는 생각이 들었습니다. 그때 마침 서점에 상주하는 작가가 있어서 구미에 대한 글을 써 달라고 요청했고 전문가들의 도움으로 책이 완성되었습니다. 그런데 책은 만들었는데 지방의 책을 누가 팔아주겠습니까. 그래서 출판사를 차려서 발간하고 저희 서점에서만 판매하고 있습니다. 구미는 외지인이 많아 지역에 대한 관심이 없지만 오래 살다 보면 고향이 되어 가지요. 다른 사람은 몰라도 지역 사람들이 보면 재미있을 것입니다. 다 팔리려면 한 20년은 걸릴 것 같아요(하하). 그래도 처음 서점을 열 때 부모님이 잘했다는 말을 해주지 않았는데 이 책을 냈을 때 의미 있는 일을 했다고 이야기해 주셨어요. 그거면 되죠.

구미 라이딩 코스를 추천해 주세요.
지산동 낙동강체육공원에서 구미보까지 자전거를 타고 올라가는 코스를 추천합니다. 자전거 대여도 가능합니다. 구미보에서 한 쪽은 부산으로, 또 다른 한 쪽은 서울로도 이어집니다. 구미보는 자전거 타는 사람들의 만남의 장소입니다. 낙동강은 지류가 여러 곳이 있어서 각자의 위치에서 지류를 따라 시작하면 강을 따라 자전거를 즐길 수 있습니다. 낙동강을 따라 달리면 오르막도 내리막도 없습니다. 강이 평탄하게 흐르듯이 자전거길도 그렇게 달릴 수 있어요.

대표님이 생각하시는 구미의 매력은? 구미의 매력을 어필해 주세요.
구미에서 정말 많은 사람과 만나고 다양한 모임을 하고 같이 살아간다는 생각이 듭니다. 사람과의 관계는 미묘해서 너무 가까운 것은 싫어요. 반대로 프라이버시가 강하면 또 소외감이 듭니다. 구미는 그 적정선에 있는 것 같아요. 그래서 구미가 좋습니다. 그리고 구미는 자전거를 타면 5분 안에 자연속으로 들어갈 수 있습니다. 낙동강은 수자원보호구역이라서 울창한 자연밖에 보이지 않아요. 공장은 전혀 보이지 않습니다. 공장에 일하는 사람들도 바로 동락공원에 접들수 있어요. 위아래로 구미를 강 따라 달리면 약 100km입니다. 차로는 갈 수 없는 구역이죠. 해 질 때 구미는 정말 좋습니다. 낙동강은 정말 운치가 있어요. 마음을 쉬게 하죠. 또한 산으로 가고 싶다면 또 바로 산으로 갈 수 있는 것이 구미의 장점입니다. 구미는 앞으로 더 좋아 질 것 같습니다. 인근 도시에 공항도 들어서고, 반도체 산업도 더 커질 것 같습니다. 반도체도 물과 공기와 지반이 안정적이어야 하는데 그런 면에서 구미가 아주 적당하죠. 고급인력이 많이 왔으면 좋겠습니다. 구미는 일에 지친 몸을 회복하고 다시 일에 매진할 수 있게 하는 곳이니까요.

지금, 여기

감성을 자극하는 소품들이 한자리에 모였다. 사장님이 직접 제작한 라탄 소품들이 발길을 멈추게 한다. 벽시계, 손거울, 지갑, 라탄으로 만들 수 있는 것이 이렇게 많다는 것을 이곳에서 알게 된다. 라탄이 주는 휴양지 감성 때문인지 숍 내부가 편안하게 느껴진다. 글라스아트로 만들어진 썬캐쳐도 눈에 띈다. 바람에 유리가 부딪히는 소리가 청명하다. 원하는 소품이 있다면 원데이클래스를 요청해 보자. 여행지에서의 경험은 오랫동안 기억될 것이다.

Ⓐ 경북 구미시 금오산로16길 8 1층 지금여기 Ⓣ 010-4222-1726
Ⓗ 매일 10:00-17:00(주말은 휴무) Ⓜ Map → 2-S5

러빙룸

금리단길의 소품점 러빙룸은 핑크빛 건물 때문인지 눈길을 끈다. 외부에서 보기에도 아기자기한 소품들이 가득해 달콤한 향기가 나는 착각이 들 정도. 내부에 들어서니 러빙룸이라는 이름에 걸맞은 사랑스러운 소품들로 빈틈없이 가득 채워져 있다. 비싸지 않은 선에서 선물하기 좋은 아이템, 귀여운 테이블웨어, 인테리어 소품으로 인기있는 엽서, 열쇠고리, 다꾸용 스티커가 가득하다. 귀여운 마그넷은 여행을 기념하기 좋지 아니한가. 뭐라도 하나는 손에 넣고 나와야 할 듯해 마법처럼 지갑이 열린다.

Ⓐ 경북 구미시 금오산로22길 28 Ⓣ 010-4222-1726
Ⓗ 매일 11:00-20:00(토, 일요일은 12:00-20:00, 월요일은 12:00-18:00)
Ⓘ @lovingroom Ⓜ Map → 2-S7

공터다

공터다는 사회적기업 및 전문예술법인 사단법인 문화창작집단이 운영하는 소극장이다. 소극장 공터DA와 함께 갤러리DA, 상상공간 놀DA, 공유공간 함께하DA를 운영하고 있다. 구미의 공연문화 활성화를 위해 다양한 공연을 제작하고 있으며 소극장 활성화 프로젝트 등 이색적인 활동도 펼쳐 나가고 있다.

Ⓐ 경북 구미시 금오시장로 4 2층 Ⓣ 054-444-0604
Ⓘ @gongter_da Map → 2★24

Shopping

구미의 로컬 시장

시끌벅적한 재래시장은 여행지에서 빼놓을 수 없는 코스이다. 특산물도 구경하고 지역민들의 소박한 일상을 들여다보기에 재래시장만큼 재미난 곳도 없다. 저렴한 가격으로 여행자의 출출한 배를 채워줄 구미 로컬시장으로 떠나보자.

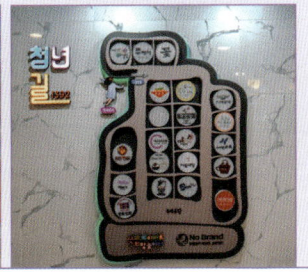

구미새마을중앙시장

Ⓐ 경북 구미시 구미중앙로9길 11
Ⓣ 054-452-3611

1975년에 개설된 구미를 대표하는 재래시장이다. 구미역에서 가까워 구미에 첫발을 내딛거나, 여행의 마무리로 출출한 배를 채우기에 좋은 위치다. 족발골목과 국수골목이 유명하고, 특히 족발을 무쳐내는 무침족발은 구미에서만 맛볼 수 있는 방법으로 특유의 마늘향이 가미되어 족발의 느끼함을 없애고 담백함은 한결 업그레이드되었다. 진한 멸치육수로 끓여 내는 국수도 새마을시장의 별미.

Ⓐ 경북 구미시 선산읍 단계동길 24 선산시장
Ⓣ 054-482-0213

선산시장

구미에서 가장 큰 규모로 5일장이 열리는 재래시장이다. 5일장이 열리는 날은 2일, 7일. 장이 서는 날이면 선산시장은 평소와 전혀 다른 풍경이 펼쳐진다. 평소에는 보이지 않던 호떡, 꽈배기에서부터 전통과자, 닭튀김, 시선을 집중시키는 뻥튀기 기계의 재미난 움직임까지, 구경하는 재미가 쏠쏠하다. 전통시장인 선산시장에서는 신선한 분위기를 발견할 수 있는데, 바로 전통시장 상생 프로젝트인 선산봉황청년몰이다. 시장내 빈 점포로 방치되던 공간이 청년몰, 노브랜드, 쉼터 등으로 새단장되었다. 노브랜드와 전통시장의 컬래버레이션이라니! 색다른 조합이다. 청년몰에는 분식가게, 미용실, 옷가게, 반찬가게, 공방 등이 입점해 있어 전통시장이 한층 젊어졌다.

칸탈로프멜론빵

구미에서 자란 주황색 과육의 고당도 칸탈로프멜론이 함유된 멜론빵이다. 방부제와 보존료가 첨가되지 않고 식약처 HACCP 인증을 받은 시설에서 생산된다. 귀여운 멜론 모양의 달지 않고 건강한 간식이다. 칸탈로프멜론 테마카페 멜론온에서 멜론라떼, 멜론에이드 등 칸탈로프멜론을 사용한 다양한 메뉴를 선보이고 있다.

카페 멜로온
Ⓐ 경북 구미시 신시로10길 98-51
Ⓣ 054-451-45164
Ⓟ 6개입 11,000원
Ⓘ @9mimelo_on

구미시 로컬푸드 직매장

2023년 개장하였고, 지역생산 농산물을 저렴하고 신선하게 구입할 수 있다. 금오산도립공원 대주차장(무료개방) 내에 위치하고 있어 편리하게 주차하고 이용할 수 있다.

Ⓐ 경북 구미시 금오산로 218
Ⓣ 054-451-0444

선산탁주

조선시대 성리학자 김종직 선생의 후손인 김강민 대표가 선산 쌀로 빚던 집안 대대로 내려오는 가양주의 전통을 이어오고 있다. 순수하게 쌀에서 나온 당분과 산미만으로 깊은 풍미를 지닌 '선산스위트'가 젊은 층의 인기를 얻고 있다.

선산주조
Ⓐ 경북 구미시 봉곡동로2길 13-1 1층
Ⓣ 0507-1303-6195

PLACES TO STAY

구미 숙소

여행의 취향이 가장 잘 드러나는 요소 중 하나가 숙소이다. 여행지로 가는 방법은 한정되어 있지만, 숙소의 종류는 천차만별. 여행지에서 숙소를 고르는 데 예민하거나, 단지 쉬는 장소가 아니라 숙소로 인해 여행의 만족도가 확 달라지는 사람이라면 놓치지 말자. 여행의 만족도를 한층 업그레이드시켜줄 구미의 숙소를 소개한다.

1

호텔 금오산

구미에서 숙박을 한다면 무조건 호텔 금오산이다. 무엇보다 위치가 너무 좋다. 금오산 탐방로 바로 아래에 위치해 있어 위로는 걸어서 금오산케이블카에, 아래로는 메타세콰이어 길을 산책할 수 있다. 맑은 공기와 수려한 경관은 덤이고 편리함까지 갖췄다. 총 125개의 객실과 국제 컨벤션이 가능한 시설을 갖추고 있다. 객실 창으로 금오산이 손을 뻗으면 닿을 듯 위치하고 있으며 한식과 양식, 그 외에도 다양한 음식을 골고루 갖춘 조식도 가성비를 자랑한다. 아무것도 하지 않고 제대로 된 호캉스를 즐기고 싶다면 호텔 금오산을 추천한다. 특히 부모님을 모시고 가면 매우 흡족해하실 호텔이다.

Ⓐ 경북 구미시 금오산로 400 Ⓣ 054-450-4000
Ⓗ 체크인 15:00 체크아웃 12:00 Ⓜ Map → 2-H1

2 신라불교초전지 전통가옥체험관

신라에 불교가 처음으로 전해진 이야기를 들려주는 신라불교초전지에는 한옥에 묵으면서 다양한 체험을 할 수 있는 전통가옥체험관이 위치하고 있다. 온돌마루방에서 잠을 자고, 넓은 마당에서 맘껏 뛰어놀며 전통 의·식·주를 체험할 수 있는 공간이다. 성불관, 자비관, 견성관을 비롯해 총 7동의 단독 한옥으로 이루어져 있으며 예약은 구미시설공단 신라불교초전지 사이트에서 가능하다. 사찰음식 체험 등 다양한 프로그램이 진행되고 있어 함께 경험해 보는 것도 좋다.

Ⓐ 경북 구미시 도개면 도개다곡길 389-46 Ⓣ 054-480-2140 Ⓤ https://www.ginco.or.kr/silla Ⓜ Map → 4-★1

3 라마다 바이 윈덤 구미 호텔

세계에서 가장 많은 객실을 보유하고 있으며 국내에서도 약 40여 개의 호텔을 운영하고 있는 세계적인 호텔 체인 윈덤호텔&리조트에서 운영하는 구미 유일 인터내셔널 브랜드 호텔이다. 구미국가산업단지 부근에 위치하고 있으며 비즈니스를 위한 고급스러운 분위기를 강조하고 있다. 스위트룸을 포함해 총 213개의 객실을 보유하고 있으며 깨끗하고 수준 높은 서비스를 제공한다. 편의점과 카페, 도심의 야경을 즐길 수 있는 14F 라운지 바, 계절별 차별화된 요리를 선보이는 2F 레스토랑이 있어 밖으로 나가지 않고 호텔에서 여행의 여유를 만끽할 수 있다.

Ⓐ 경북 구미시 인동중앙로3길 41
Ⓣ 054-479-9000 2
Ⓗ 체크인 15:00 체크아웃 12:00 Ⓜ Map → 3-H

4 강변하우스

낙동강 라이더들의 쉼터로 알려진 강변하우스는 낙동강 풍경이 펼쳐지는 작고 아담한 정원을 자랑하는 힐링 숙소이다. 깨끗하고 편리한 호텔에 비하면 불편함은 말로 할 수 없겠지만, 그 불편함을 대신하는 자연 속 휴식이 만족감을 더해 준다. 잘 다듬어진 조경을 구경하는 재미도 쏠쏠하다. 넓은 정원을 가진 시골집을 리모델링한 탓에 시골집 운치도 남아 있다. 고아읍의 고즈넉한 분위기와 어우러져 한층 분위기가 있다. 개별 바비큐가 가능해서 오붓한 시간을 갖기에도 좋다. 조선시대 명필 황기로가 낙동강을 바라보며 풍류를 즐겼다는 매학정을 도보 1분에 산책이 가능하다. 장어구이 식당이 바로 옆에 있어 식사도 함께 해결할 수 있다.

Ⓐ 경북 구미시 고아읍 강정4길 64-6 Ⓣ 0507-1425-9456
Ⓗ 입실 15:00 퇴실 11:00 Ⓤ http://www.riversidehouse.kr Ⓜ Map → 4-H1

PLAN YOUR TRIP : THE BEST DAY COURSE

구미 낭만 투어

구미의 핫플레이스와 대표 여행지만을 모아서 여행하는 코스

1 Day

A. 금리단길 p.028
구미에서 가장 트렌디한 골목. 분위기 있는 카페와 베이커리, 아기자기한 소품숍, 맛집이 즐비한 거리이다.

B. 시리베이커리 p.031
금리단길의 분위기 깡패 베이커리 카페이다. 골목에서부터 느껴지는 힙한 분위기가 발걸음을 멈추게 한다.

C. 금오지 p.027
금오지를 빙 둘러 산책로가 잘 갖춰져 있다. 회색 빛 도시의 걱정은 모두 날리고 쉬엄쉬엄 한바퀴 돌아보자.

D. 야은역사체험관 p.042
고려말 성리학자 야은 길재 선생의 충절과 학문을 기념하기 위해 지어진 체험관

E. 금오산케이블카 p.024
금오산은 케이블카로도 일정 구간 이동할 수 있다. 케이블카에서 보는 울창한 숲이 장엄하게 느껴진다.

2 Day

A. 동락서원 p.044
동락서원은 한국 유학을 대표하는 성리학자 여헌 장현광 선생을 추모하기 위해 세워졌다.

B. 동락공원 p.036
너비가 무려 102,305평에 이르고 산책로만 9km에 이르는 도심공원이다.

C. 새마을운동테마공원 p.043
'한강의 기적'이라고 불리는 눈부신 경제성장의 근간이 된 새마을운동을 자세히 기록한 테마 공원.

D. 낭만쭈꾸미 p.059
낭만다방을 시작으로 낭만쭈꾸미, 낭만주막, 낭만꿀떼지 등 차곡차곡 브랜드를 쌓아가고 있는 구미 로컬 브랜드.

E. 낙동강체육공원 p.035
구미캠핑장이 함께 위치하고있어 캠핑을 즐기기에도 좋다.

3 Day

A. 금오서원 p.045
야은 길재 선생의 학문과 충절을 기리는 곳이다. 이곳에 구미 학자들의 위패가 모셔져 있다.

B. 신라불교초전지 p.048
불교를 전파하기 위해 신라에 온 아도화상의 유적이 신라불교초전지에 남아 있다.

C. 일선리고택문화재마을 p.020
고택의 정취를 만끽하면서 전통과 현대의 어울림을 느껴보는 산책에 어울리는 마을이다.

D. 도리사 p.049
불교가 없던 신라에 고구려의 승려 아도화상이 불교를 포교하기 위해 세운 절.

E. 쌍암고택 p.053
1755년에 건립된 전형적인 조선시대 양반 가옥. 지금은 대를 이어 자손들이 집을 가꾸고 실제로 거주하고 있다.

PLAN YOUR TRIP : THE BEST DAY COURSE

COURSE 2

구미 맛과 멋 여행

구미의 자연을 만끽하면서 신선한 음식과 고풍스러운 멋을 즐기는 여행

단위 · 분(min)   차량 · min   도보 · min   선박 · min

1 Day

A. 금오산 p.024
대혜폭포, 도선굴, 약사암 등 천혜의 경관을 자랑하는 것으로 유명하다.

B. 올레길국수 p.031
금오천에 위치한 로컬이 추천하는 맛집. 뽕잎칼국수라는 특이한 메뉴가 인기이다.

C. 금리단길 p.028
구미의 가장 트렌디한 맛집과 카페, 부티크, 라이프스타일숍이 모여 있는 곳이다. 인기 맛집은 웨이팅이 필수.

D. 구미새마을중앙시장 p.069
구미역에서 가까워 접근하기 쉽고 길거리 주전부리와 무침족발이라는 특이한 메뉴가 인기다.

E. 싱글벙글복어 p.059
1970년에 오픈하여 50년 이상 복어 단일 메뉴로 승부를 보고 있는 곳. 로컬 분위기가 가득한 음식점이다.

2 Day

A. 구미캠핑장 p.035
카라반, 오토 캠핑, 일반 캠핑 등 다양한 형태로 캠퍼들의 욕구를 만족시키고 있다.

B. 너와숲 p.052
칠암재라고 하는 본래의 이름의 가지고 있는 한옥카페. 사계절을 마음껏 누릴 수 있는 곳이다

C. 원조도개다곡묵고을 p.058
로컬이 추천하는 묵밥전문점. 묵밥을 고향집의 추억의 맛으로 기억하는 사람들에게 강력 추천.

D. 모에누베이커리 p.054
드넓은 야외공간과 야외 풀이 있어 인스타 사진 맛집으로 유명한 곳.

E. 매학정 p.045
조선시대 명필 황기로 선생이 풍류를 즐기던 곳으로 낙동강이 훤히 내려다보이는 풍경이 아름답다.

3 Day

A. 구미에코랜드 p.036
생태탐방 모노레일로 풍부한 산림자원을 둘러볼 수 있는 곳이다.

B. 피크파크피크 p.055
프렌치토스트 등 브런치 메뉴뿐만 아니라 베이커리 종류도 다양하고 무엇보다 풍경이 끝내준다.

C. 도리사 p.049
구미 해평면에 위치한 신라 제19대 눌지왕 시대에 지어진 신라 최초의 사찰이다.

D. 일선리고택문화재마을 p.020
유서 깊은 고택 70여 호가 모여 있는 일선리고택문화재마을은 고택의 운치를 즐기면서 산책하기 좋다.

E. 신라불교초전지 p.048
1600년의 역사를 가진 불교문화를 배우고 체험할 수 있도록 정비되어 있는 곳이다.

PLAN YOUR TRIP : TRAVELER'S NOTE

Traveler's Note

> 병풍처럼 펼쳐진 산의 품에 안긴 도시 구미.
> 9가지 숫자로 구미를 한눈에 알아보자.

615 km²
구미시의 면적은 615km²이다. 경상북도 서남부에 위치하고 있으며 김천시, 상주시, 의성군, 군위군, 칠곡군과 접해 있다.

28 m
아름다운 소리로 숲을 울린다 하여 명금폭포라는 별명을 가진 대혜폭포의 높이는 28m이다.

805 m
금오산을 오르는 금오산케이블카의 운행구간 거리는 805m이다. 약 6분간 금오산의 장엄한 풍경을 감상하며 편안하게 산을 오른다.

38 km²
1970년대에 구미국가산업단지가 조성되면서 현재 구미에는 1~5공단까지 38km²의 국가산업단지가 조성되어 있다.

300,000,000 $
첨단전자, 정보통신 산업을 위주로 전국 단일공단 최초로 수출 100억 불을 돌파, 2005년에는 수출 300억 불을 달성했다.

976.5 m
1970년 6월 1일 대한민국 최초로 도립국립공원으로 지정된 금오산의 높이는 976.5m이다. 도선굴, 약사암 등 수려한 경관을 자랑한다.

410,000 people
구미의 인구는 41만 명이다. 명품도시를 꿈꾸는 '구미 르네상스 시대'를 열며 '인구 50만 시대'를 바라보고 있다.

500 step
대혜폭포를 지나면 금오산을 오르는 본격적인 등반이 시작된다. 500개가 넘는 계단을 올라야 하는 할딱고개는 이름처럼 숨이 넘어갈 정도다.

3,200 company
구미에는 고아, 해평, 산동농공단지를 비롯, 구미 전역에 3,200여 개의 기업체가 들어서 있다.

PLAN YOUR TRIP : CHECK LIST

Check List

> 안전한 여행을 위해 미리 알고 떠나면 좋은 9가지 체크 리스트

Local Money

지역경제 활성화를 위해 발행되는 구미 지역 화폐의 명칭은 구미사랑 상품권이다. 구입시 6%의 할인 혜택이 있으며, 구미시내 가맹점으로 등록된 업소에서 자유롭게 사용이 가능하다.

Navigation

낙동강체육공원의 규모는 무려 64만 평에 이르러 주차장만 해도 여러 곳이다. 꽃구경을 가거나, 구미캠핑장을 찾을 때, 주차장의 위치를 잘 체크하길 바란다.

Be Careful

금오산과 천생산 등 구미의 산은 암벽으로 이루어져 오르는 길이 험난하다. 산행은 등산화, 등산스틱 등 장비를 제대로 갖춘 후에 오르도록 하자.

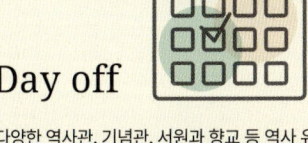

Day off

다양한 역사관, 기념관, 서원과 향교 등 역사 유적지가 특히 많은 구미는 월요일이 휴관인 경우가 많다. 미리 정보를 검색하고 휴관일과 운영시간을 꼼꼼히 체크하도록 하자.

Mauntin Road

오르기 좋은 산으로 둘러싸인 구미는 아름다운 트레킹 산책길이 많다. 특히 금오산은 케이블카를 이용할 수도 있지만 걸어서 오르면 금오산성, 돌탑 등 또 다른 볼거리를 즐길 수 있어 좋다.

Sunset

금오지, 구미보, 갈뫼루, 매학정, 형곡전망대 등에서 석양을 감상하기 좋은 포인트가 많다. 일몰을 감상할 수 있는 시간은 아주 잠깐이므로 그날의 날씨와 일몰 시간을 꼭 체크하기를 바란다.

Blossoms

금오산 맥문동, 낙동강생태공원의 금계국, 금오천의 벚꽃 등 구미 각 지의 공원과 자연생태공원에는 계절마다 형형색색의 꽃이 피어나 사계절 아름다운 향기를 뿌린다.

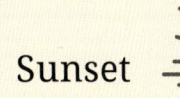

Speciality

지역마다 특색 있는 음식과 먹는 방법이 있다. 구미는 새마을중앙시장의 무침족발이 독특하다. 복어국은 콩나물을 따로 꺼내서 양념해 주는 것도 이색적이다. 다양한 맛에 도전해 보길 바란다.

Etiquette

일선리고택문화재마을, 쌍암고택, 모원당 등 실제로 자손이 거주하면서 관리, 운영하는 관광지를 방문할 때에는 그들의 삶에 방해가 되지 않도록, 에티켓을 지키도록 하자.

PLAN YOUR TRIP : SEASON CALENDAR

Season Calendar

> 구미는 내륙 분지에 위치하며 여름에는 덥고 겨울에는 추운, 뚜렷한 기온의 차를 나타낸다.
> 나에게 맞는 여행의 시기를 미리 체크해 보자

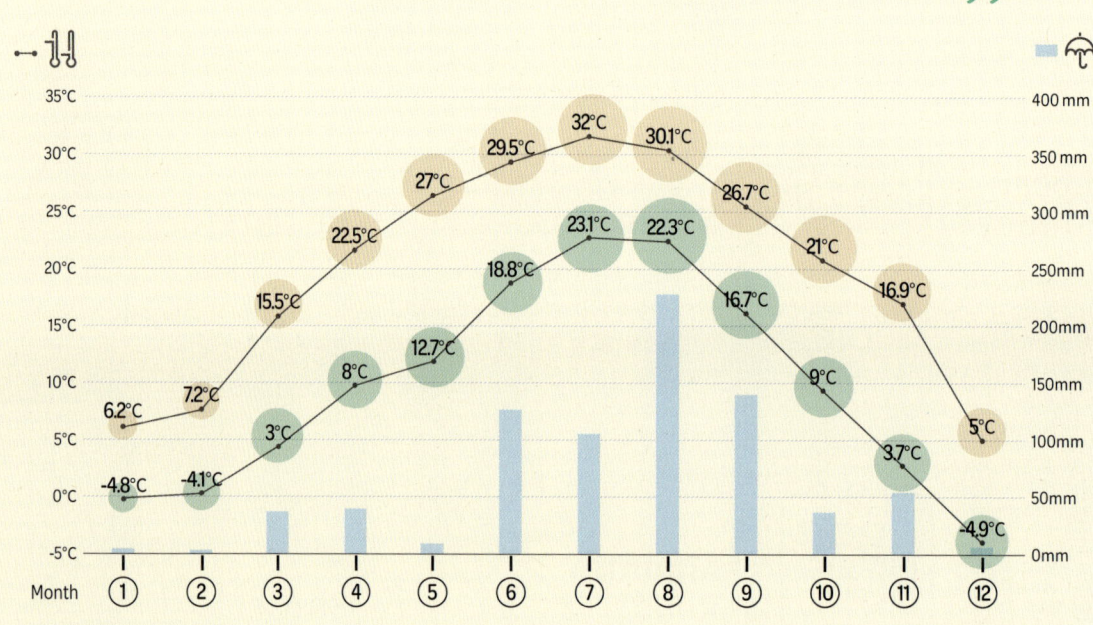

12~2

12~2월 겨울

구미는 경상북도의 서남부에 위치하고 있으며 동남쪽으로는 칠곡군, 동북쪽에는 군위군과 의성군, 서쪽으로는 김천시, 북쪽으로는 상주시와 접하고 있다. 연평균 기온은 12.2℃로 비교적 따뜻한 편이며 일년 중 가장 추운 달은 1월, 평균기온은 -1.8℃이다. 겨울에 시베리아 기단의 영향으로 강력한 북서풍이 분다. 금오산과 천생산은 암벽이 많아 등산 장비에 특히 신경을 써야 한다.

3~5

3~5월 봄

벚꽃은 3월 마지막 주에서 4월 첫 주에 절정을 이룬다. 금오천벚꽃 페스티벌이 열리면 차량 정체가 심해져 도보로 이동하는 것이 좋다. 지산샛강생태공원, 동락공원에서 비교적 조용한 벚꽃놀이를 즐길 수 있다. 5월에는 금빛 금계국으로 도시가 물든다. 서서히 태양이 강해지기 시작하므로 선크림, 모자 등 여름 대비를 하여야 한다. 5월의 일교차는 14.3℃로 일교차가 큰 편에 해당한다.

6~8

6~8월 여름

가장 더운 8월의 평균 기온은 24.9℃이고 7월은 일 년 중 일교차가 가장 작은 계절이다. 6월이면 장마가 시작되고 장마가 끝나고 나면 본격적인 무더위가 시작된다. 구미는 강수량의 편중이 심하며 6월에서 9월 사이에 전체 강수량의 60% 이상이 분포되어 있다. 한여름이라 하더라도 금오산은 기온차가 심하고 기상이 불규칙하다. 비옷을 꼭 챙기고 자외선 대비를 철저히 해야 한다.

9~11

9~11월 가을

10월의 일교차는 12℃로 봄과 마찬가지로 일교차가 큰 편이며 큰 일교차는 단풍을 더욱 아름답게 물들인다. 단풍 구경을 위해 전국에서 사람들이 모여드는 계절이므로 금오산케이블카도 성수기를 맞이한다. 특히 질서를 지켜 안전에 유의하고 자연보호에 더욱 신경 써야 할 때이다. 수다사의 은행나무, 금오산 메타세콰이어 가로수길도 환상적인 풍경을 자아낸다. 산이 많은 가을이 특별하다.

PLAN YOUR TRIP : FESTIVAL

Festival

> 사계절 아름다운 꽃과 나무로 둘러싸인 구미는 축제 또한 활기가 넘친다.
> 에너지가 가득한 구미의 매력이 발산되는 축제를 소개한다.

April
금오천벚꽃페스티벌

이상기온으로 인해 2023년은 예정보다 다소 앞당겨 축제를 개최한 금오천벚꽃페스티벌은 구미를 대표하는 축제이며, 매년 3월말에서 4월초 벚꽃시즌에 개최된다. 새단장하여 걷기 좋은 금오천은 벚꽃축제기간에는 차량의 통행이 힘들 정도로 많은 인파가 몰려든다. 여기저기에 아기자기한 포토존이 가득하고 버스킹존에는 사람들이 모여 노래를 따라 부르는 훈훈한 광경이 목격된다. 다채로운 공연이 열리고 밤이면 야간 조명이 밝혀져 분위기가 더욱 고조된다.

August
2023 아시아 연극제

2010년 1회를 시작으로 올해 14회를 맞이한 공연제로 공연예술을 통해 지역 연극인 및 시민과의 소통의 장을 마련하기 위해 기획된 축제이다.
기간 : 2023. 8. 31 ~ 9. 3(5일간)
장소 : 구미문화예술회관 소공연장 및 소극장 공터다

October
구미푸드페스티벌

구미만의 멋과 맛을 한자리에 모아 놓은 제1회 구미푸드페이스벌이 2022년 10월 29일 첫 발을 내디뎠다. 광평천 공영주차장을 중심으로 버스킹 체험부스와 다양한 먹거리를 체험해 볼 수 있는 48개 먹거리 푸드존, 축제의 분위기를 한층 고조시킨 공연무대, 구미전국가요제, 그리고 구미를 대표하는 식품제조업체 홍보관이 설치되었다. 구미 지역 대학의 학생들도 참여하여 더욱 젊고 참신한 축제로 이끌어 냈다.

November
2023 구미라면 축제

'구미에서 라면 먹고 갈래? 라는 캐치프레이즈 아래 구미에서만 볼 수 있는 이색 페스티벌이 2023년 11월 17일에서 19일까지 구미역 일원(원도심)에서 개최된다. 축제 기간 동안 라면을 테마로 한 음식문화 체험 행사가 진행된다.
주요 프로그램:
(무대·공연) 라면 디너쇼(콘서트), 生生라면 토크쇼(스타쉐프 등)
(식음존 운영) 도심 캠핑라면, 7080 레트로라면, K-라면 등
(전시·체험) 라면팝업스토어, 세계라면 체험부스, 라면포토존, 기업전시관.

PLAN YOUR TRIP : TRANSPORTATION

Transportation

> 아름다운 자연 속 힐링과 세련된 도시 여행을 함께 즐기기 좋은 구미.
> 편리한 여행을 위한 교통정보를 모았다.

기차 타고 구미 가기

서울에서 구미까지 기차를 이용할 경우, KTX는 김천구미역에 정차하고 ITX-새마을, 무궁화호는 구미역에 정차한다. KTX는 빠르기는 하지만 김천구미역에서 구미역까지 다시 대중교통을 이용해야 므로 불편한 점이 있다. 또 서울에서 KTX를 이용한 후, 대전에서 무궁화로 환승하는 방법도 가능하다.

KTX
1. 서울역↔김천구미역
- 소요시간 : 1시간 30분
- 요금 : 35,100원

2. KTX김천구미역↔구미역
- 좌석버스 554번
- 소요시간 38분

김천구미역
- 경북 김천시 남면 혁신1로 51

ITX-새마을
서울역↔구미역
- 소요시간 : 3시간
- 요금 : 26,700원

무궁화호
서울역↔구미역
- 소요시간 : 3시간 30분
- 요금 : 17,900원

구미역
- 경북 구미시 구미중앙로 76
- https://www.letskorail.com/

고속·시외버스 타고 구미 가기

서울강남터미널에서 구미종합터미널까지 고속버스로 이동할 수 있다. 구미종합버스터미널에서 구미역까지는 버스 11분, 택시 10분, 도보 약 30분 소요된다.

서울고속버스터미널↔구미종합버스터미널
- 소요시간 : 3시간
- 요금 : 23,000원

서울고속버스터미널
- 서울시 서초구 신반포로 194
- http://www.exterminal.co.kr/

구미종합버스터미널
- 경북 구미시 송원동로 72
- 1688-5655

비행기 타고 구미 가기

비행기를 이용할 경우 대구공항에 도착해서 구미까지 공항 리무진 버스를 이용할 수 있다. 구미행 리무진 버스는 대구공항을 출발해 복지(주공)매표소~공단매표소~구미터미널까지 하루 5편 운행한다.

대구공항↔구미터미널
- 소요시간 : 1시간
- 요금 : 8,000원
- 대구국제공항 : 대구광역시 동구 공항로 221
- https://www.airport.co.kr/daegu/index.do

구미 내에서 이동하기

구미역에서 금오산까지는 걸어서도 충분히 이동할 수 있는 거리이다. 힘들면 카페나 식당에서 잠시 쉬어도 좋다. 차를 이용하면 기동력이 생기므로 구미의 유적지를 둘러보는 데 도움이 될 것이다. 자신에게 가장 잘 맞는 이동수단을 선택해서 알찬 여행을 즐겨보자.

1. 렌터카
서원과 향교, 고택 등 역사 유적을 둘러보는 것은 구미여행에서 중요한 역할을 한다. 이를 위해서는 역시 렌터카가 편리하다. KTX와 연계하면 다양한 할인 혜택을 누릴 수 있고 카셰어링 서비스를 이용하는 것도 방법이다. 계절이나 차종, 시간에 따라 비용은 차이가 있으며 특히 벚꽃 시즌이나 단풍 시즌에는 요금도 비싸지만 반드시 예약해야 한다.

2. 버스
구미시는 운행 중인 버스의 실시간 위치, 운행상태 등의 정보를 수집하여 승객에게 정보를 제공하는 구미 버스정보시스템을 운영하고 있다. 시내버스뿐만 아니라 시외버스, 대구공항리무진, 김천구미역까지 연계된 정보를 제공한다.

- 일반버스 요금 : 1,400원(카드)
  좌석버스 요금 : 1,900원(카드)
- 구미시 버스정보시스템
  https://bis.gumi.go.kr/main/main.do

3. 택시
평소에 사용하는 카카오T앱을 활용해 택시를 이용할 수 있다. 동에서 읍, 면으로 이동하거나, 읍·면에서 다른 읍·면으로 이동할 때는 요금이 할증되므로 확인 후 탑승하는 것이 좋다.

MAP

—

구미

★ Main Spot
S Shop
R Restaurant
C Cafe & Dessert
A Activity

1. 구미 개괄

2. 금오산권

3. 천생산권

4. 선산권

1. 구미 개괄

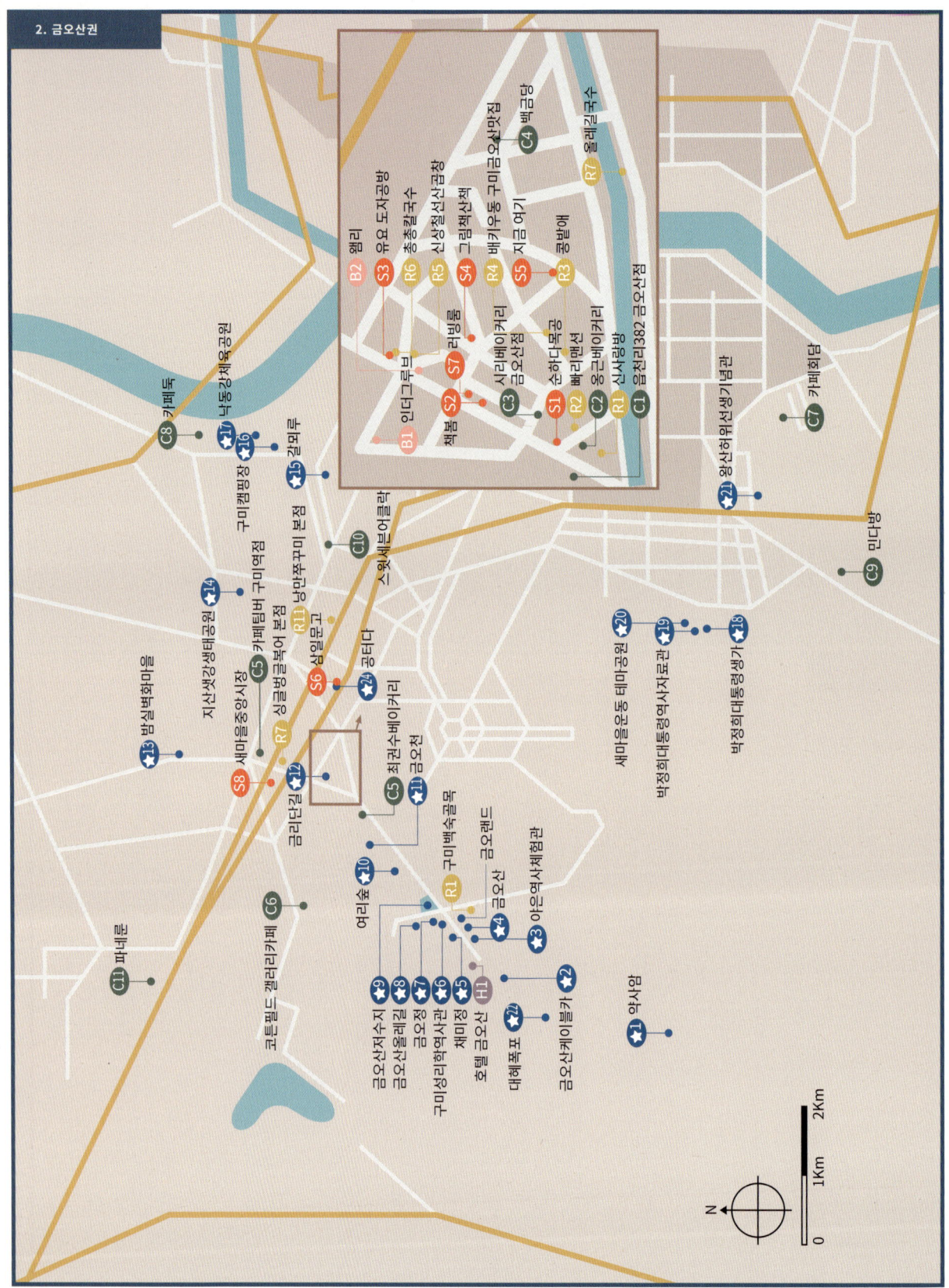

3. 천생산권

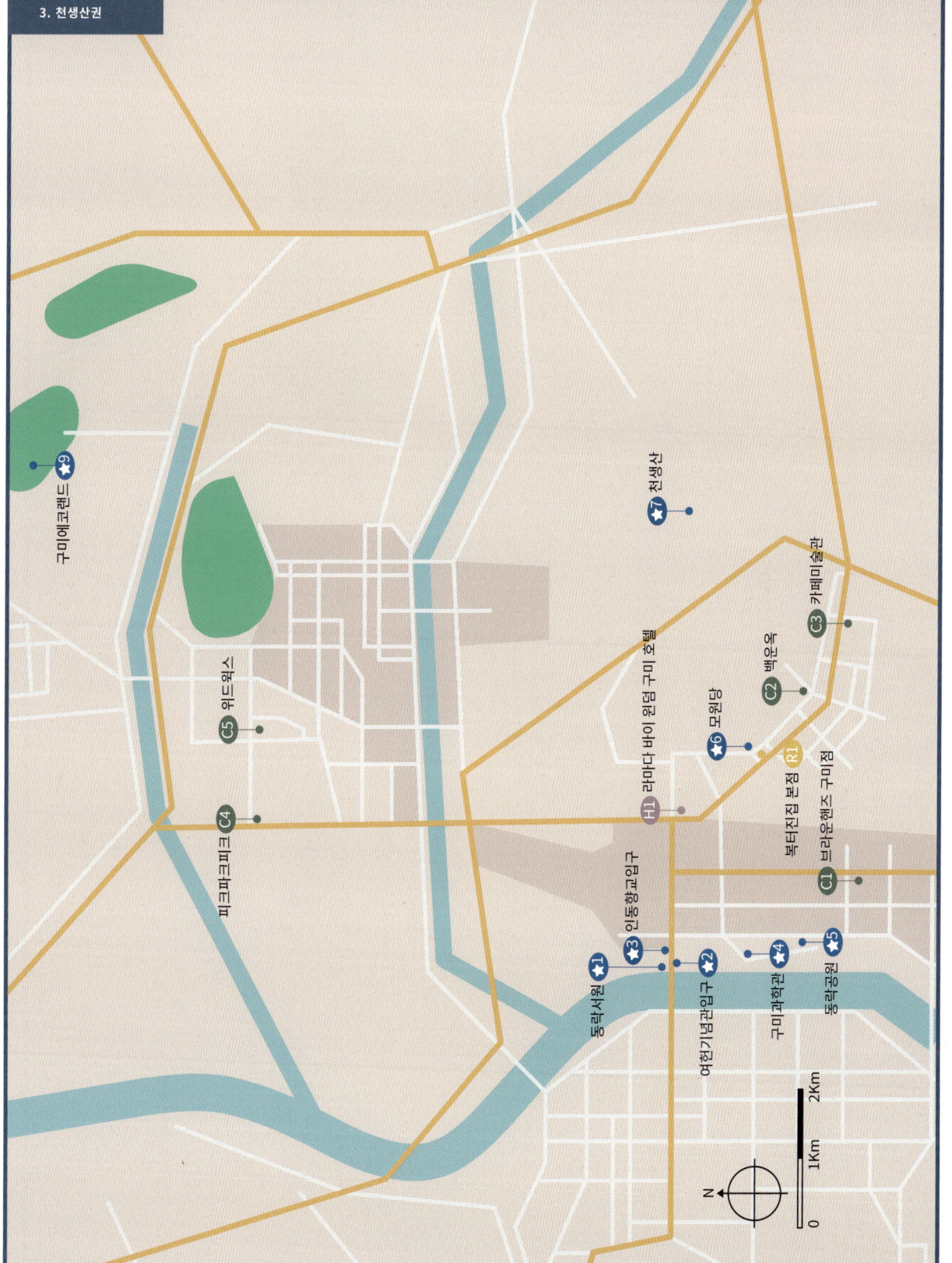

4. 선산권

Writers
이지앤북스 편집팀

Publisher
송민지 Minji Song

Managing Director
한창수 Changsoo Han

Editor
김진희 Jinhee Kim
황정윤 Jeongyun Hwang

Designer
나윤정 Yoonjung Na

Illustrator
이설이 Sulea Lee

Publishing
도서출판 피그마리온

Brand
easy&books
easy&books는 도서출판 피그마리온의 여행 출판 브랜드입니다.

※ 영업시간 상시 변경 가능/여행 일정에 따라 재확인 요망

트립풀 스토어
https://smartstore.naver.com/tripful

트립풀 인스타그램
www.instagram.com/tripfulofficial

트립풀 블로그
blog.naver.com/pygmalionpub

Tripful

Issue No.28

ISBN 979-11-91657-13-5
ISBN 979-11-85831-30-5(세트)
ISSN 2636-1469

등록번호 제313-2011-71호 등록일자 2009년 1월 9일
초판 1쇄 발행일 2023년 7월 24일

서울시 영등포구 선유로 55길 11, 6층 TEL 02-516-3923
www.easyand.co.kr

Copyright © EASY&BOOKS
EASY&BOOKS와 저자가 이 책에 관한 모든 권리를 소유합니다.
본사의 동의 없이 이 책에 실린 글과 사진, 그림 등을 사용할 수 없습니다.

* 본 도서는 구미시의 협조 및 지원으로 제작되었으나,
  콘텐츠의 기획 및 제작은 출판사의 편집 방침을 따랐음을 밝힙니다.

EASY & BOOKS

이지앤북스는 2001년 창간한 <이지 유럽>을 비롯해, <트립풀> 시리즈 등 북 콘텐츠를 메인으로 다양한 여행 콘텐츠를 선보입니다.

EASY SERIES
Since 2001 Travel Guide Book Series

 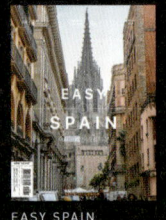 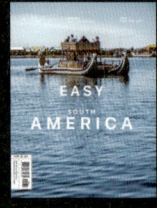 

EASY EUROPE SELECT5 이지동유럽5개국	**EASY CITY GUAM** 이지시티괌
EASY CITY DUBAI 이지시티두바이	**EASY CITY TOKYO** 이지시티도쿄
EASY CITY TAIPEI 이지시티타이페이	**EASY CITY DANANG** 이지시티다낭

EASY EUROPE 이지유럽
EASY SPAIN 이지스페인
EASY SOUTH AMERICA 이지남미
EASY CUBA 이지쿠바

Tripful
Local Travel Guide Books

  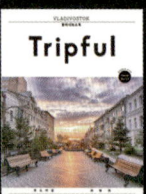 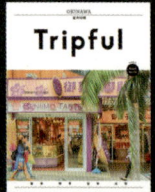   

1 FUKUOKA　2 CHIANGMAI　3 VLADIVOSTOK Out of print book　4 OKINAWA　5 KYOTO　6 PRAHA　7 LONDON

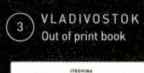      

8 BERLIN　9 AMSTERDAM　10 ITOSHIMA　11 HAWAII　12 PARIS　13 VENEZIA　14 HONGKONG

15 VLADIVOSTOK　16 HANOI　17 BANGKOK　18 JEJU　19 HONGDAE, YEONNAM, MANGWON　20 WANJU　21 NAMHAE

22 GEOJE　23 HADONG　24 JEONJU　25 CHANGWON　26 BT21 SEOUL　27 BT21 JEONHU WANJU　28 GUMI

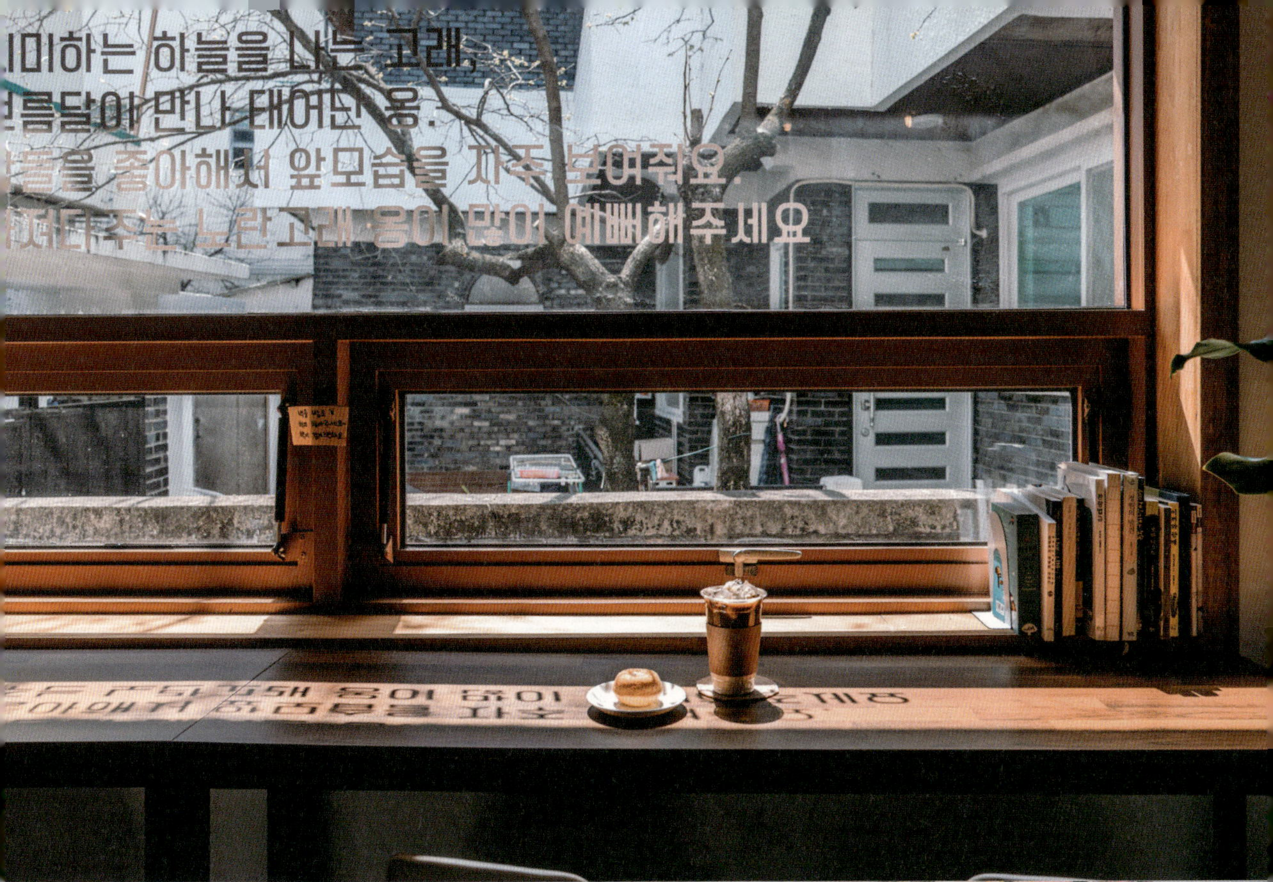

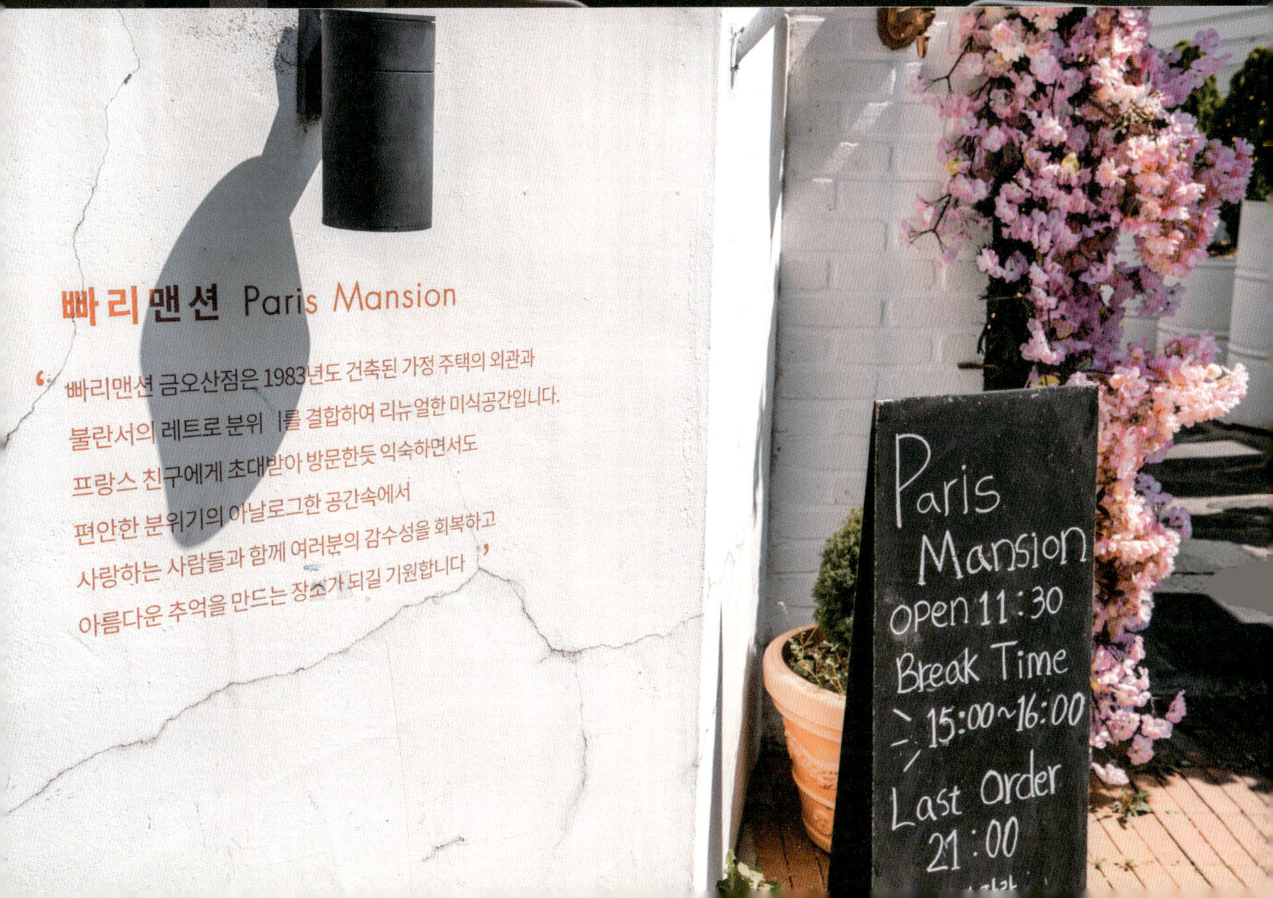

빠리맨션 Paris Mansion

" 빠리맨션 금오산점은 1983년도 건축된 가정 주택의 외관과
불란서의 레트로 분위기를 결합하여 리뉴얼한 미식공간입니다.
프랑스 친구에게 초대받아 방문한듯 익숙하면서도
편안한 분위기의 아날로그한 공간속에서
사랑하는 사람들과 함께 여러분의 감수성을 회복하고
아름다운 추억을 만드는 장소가 되길 기원합니다 "

Paris Mansion
Open 11:30
Break Time
15:00~16:00
Last Order
21:00